近畿圏版① 使いやすい！教えやすい！家庭学習に最適の問題集！

洛南高等学校附属小学校
立命館小学校

洛南高等学校附属小学校
2021年度過去問題を掲載
立命館小学校
2020・2021年度過去問題を掲載

2022年度版

過去問題集

<問題集の効果的な使い方>
①お子さまの学習を始める前に、まずは保護者の方が「入試問題」の傾向や難しさを確認・把握します。その際、すべての「学習のポイント」にも目を通しましょう。
②入試に必要なさまざまな分野学習を先に行い、基礎学力を養ってください。
③学力の定着が窺えたら「過去問題」にチャレンジ！
④お子さまの得意・苦手が分かったら、さらに分野学習をすすめレベルアップを図りましょう！

合格のための問題集

洛南高等学校附属小学校

記憶	お話の記憶問題集 中級編・上級編
言語	Jr・ウォッチャー18「いろいろな言葉」
推理	Jr・ウォッチャー59「欠所補完」
推理	Jr・ウォッチャー15「比較」、58「比較②」
図形	Jr・ウォッチャー5「回転・展開」

立命館小学校

常識	Jr・ウォッチャー12「日常生活」
言語	Jr・ウォッチャー60「言葉の音」
記憶	1話5分の読み聞かせお話集①・②
図形	Jr・ウォッチャー46「回転図形」
推理	Jr・ウォッチャー7「迷路」

●資料提供●
京都幼児教室

ISBN978-4-7761-5378-8
C6037 ¥2300E
9784776153788
定価2,530円
(本体2,300円+税10%)
1926037023005
日本学習図書 ニチガク

目指せ！合格！

家庭学習ガイド
洛南高等学校附属小学校

ペーパー　運　動　保護者面接

入試情報

募集人数：男女 90 名
応募者数：男子 73 名　女子 75 名
出題形態：ペーパー、ノンペーパー
面　　接：保護者
出題領域：ペーパー（記憶、言語、推理、数量、図形、常識）、運動

入試対策

例年、ペーパーテストで難しい問題が多数出題されていましたが、ここ数年極端に難しい問題は減ってきています。とは言っても、地域内の比較としてはレベルの高い問題が出題されることには変わりないので、幅広い分野で基礎を固めるとともに、応用問題にも対応できるように準備を進める必要があるでしょう。日々の学習に加えて、実体験を通して知識を補うことも大切にしてください。

運動テストでは、運動能力の発達度はもとより、子どもの態度や心構え、協調性の有無、マナーが身に付いているかなど、さまざまな点が観られます。子どもの日常の様子に加え、保護者の方を含む家庭全体が観られているということを意識し、家族全員で受験に取り組みましょう。

また、ペーパーテストの問題数も多く、試験時間も長時間に渡るため、集中力の持続も大切です。必要な時には集中できるように、学習は時間を決めて行い、遊ぶ時は思い切り遊ぶなどメリハリをつけて日常を過ごしてください。

●難しい問題が減ってきているとはいえ、応用力を試される問題も見られます。基礎を大切にしつつ、分野を横断するような学習も取り入れましょう。

●ペーパーテストは問題数が多いので、集中力の持続も大切な要素になります。家庭学習の中でも時折そうした状況を作り、お子さまの集中力がどのくらい続くのかを把握しておくとよいでしょう。

●保護者の方には、面接資料提出時と試験時に作文が課されました。お子さまの教育や社会生活などについて、ふだんからしっかり意識してしておくことが重要です。

●保護者作文は、「○○について思うところをお書きください」という形で出題されます。これは「あなたの思うところ」を書くということなので、一般論ではダメということです。テーマについてあなた自身の意見を書くようにしましょう。

「洛南高等学校附属小学校」について

〈合格のためのアドバイス〉

当校は、日本有数の進学校、洛南高等学校の附属小学校として、2016年４月に開校しました。これまでのペーパーテストは難度が高く、高い学力を求められる問題が大半でしたが、2020年度入試以降、問題がやさしくなっており、傾向の変化がうかがえます。しかし、標準的な小学校入試問題よりは難しく、基礎レベルの問題を確実に解けるようにした上で、反復学習や問題練習を重ねて正確さとスピードを養うという取り組みが必要なことには変わりありません。ある程度学力がついてきたら、発展的な問題に取り組みましょう。本書掲載の問題で傾向をつかみ、学習のポイントを参考にして家庭学習を行ってください。ペーパー学習とのバランスをとりながら、遊びやお手伝いなど日常の体験を通して知識を補強しましょう。ペーパーテスト以外に特筆すべき点としては、学校側が保護者の方をよく知りたいという思いから、出願時に作文、試験日前の指定日に保護者面接、試験時間中の課題作文の３つが課されています。なお、課題作文では、３つのテーマが与えられ、１時間で600字程度の作文を書かなければなりません。課題に対する答えを考え、作文全体の構成、表記の統一など、あらかじめ練習しておくべきことはたくさんあります。本書該当問題のアドバイスと下記の課題を参考にして、早めに練習を始めてください。

〈2021年度選考〉

◆ペーパーテスト
◆運動
◆保護者面接（考査日前に実施）

◇過去の応募状況

2021年度	男子73名	女子75名
2020年度	男子90名	女子63名
2019年度	男子84名	女子74名

〈保護者作文について〉

お子さまが試験を受けている間、保護者に作文が課されました。３つのテーマの中から１つを選んで600字以内で書くという形式で行なわれます。

◆作文の課題例（本書掲載分以外の過去問題）

- 「小１の壁」を乗り越えるためにしなければならないことについて、思うことをお書きください。
- 「親が先生を演じるのはやめるべきである」について是か非か。思うことをお書きください。
- 「弟子の『器』をはるかに超えたことを教えなければ、弟子の学びは起動しない」について、思うことをお書きください。
- 「お膳立て症候群」という言葉について、思うことをお書きください。
- 「子どものことは『見る』や『観る』のではなくて『看る』のです」という言葉について思うことをお書きください。
- 「虹を見たければ、ちょっとやそっとの雨は我慢しなくっちゃ」という言葉について、思うことをお書きください。

目指せ！合格！

家庭学習ガイド
立命館小学校

ペーパー　制作　行動観察　親子面接

入試情報

募集人数：男女約120名
応募者数：非公表
出題形態：ペーパー、ノンペーパー
面　　接：保護者・志願者
出題領域：ペーパーテスト（常識、言語、お話の記憶、数量、図形、推理）、制作、行動観察

入試対策

当校の入学考査の特徴は、ペーパーテストの出題分野が広いことです。ほとんどは基礎的な内容でなので、各分野の基本となる部分をしっかり学習しておきましょう。また、常識分野など、机上の学習だけではなく、生活から学ぶことも数多く出題されています。社会のルールやマナーから、ふだん目にする自然・生きものまで、機会を逃さず知識を身に付けるよう指導してください。

●ペーパーテストは、幅広い範囲から出題されます。出題される分野に大きな変化はないので、過去問には必ず目を通し、出題分野の理解を深めておきましょう。

●例年、生活常識を問われる問題が出題されています。日頃から、自分のことをどれだけ自分でしているか、ご家庭での躾も出題の観点となってます。

●親子面接は、考査日前の指定された日時で実施されます。例年、親子関係や生活習慣などについて質問されます。面接官は願書を深く読み込んでおり、ご家庭ごとに異なった質問をされることもあります。家庭内で意思疎通ができるように、ふだんからお子さまを交えてよく話し合うようにしてください。

●すべての課題に共通しているのは、「指示を理解する」「指示を守って行動する」という点です。小学校入試だからというのではなく、生活（特に集団生活）する上での基本となるものなので、日常の中でそうした意識を持たせるようにしてください。

「立命館小学校」について

＜合格のためのアドバイス＞

当校は、小学校、中学校、高等学校の12年間を発達段階に分けた、４・４・４制による一貫教育の教育システムを導入しています。また､「モジュールタイム」「辞書引き学習法」などの教育プログラムを行っています。その点が高評価を得て、志願者を多く集める難関校の１つとなっています。

面接では、多くの記入欄が設けられた願書の内容から主に質問されています。願書に書いた内容を、「話す」という手段で伝えることが課題とも言えます。記入したこと以外のことも問われる場合もあるようなので、内容を一致させるためには、受験のためということではなく、日頃から保護者としての責任や教育方針などを話し合っておく必要があります。それに基づいた子どもへの教育、躾の実践が大切です。また、面接では保護者が質問されている時の、お子さまの姿勢も観られています。

お子さまとも、学習をするということ、面接をするということについて、掘り下げた話し合いをするよう心がけてください。

ペーパーテストは幅広い分野から出題されます。説明を聞く力、理解する力、よく考える力が求められています。説明されたことの意図をすばやく理解し、適切な行動に移せるようになることを目標に、日々の学習を進めてください。そのためには、机上の学習で得た知識を体験・映像資料などで補強することと、考えて行動することを心がけてください。

〈2021年度選考〉

◆ペーパーテスト
◆制作
◆行動観察
◆保護者・志願者面接（考査日前に実施）

◇過去の応募状況

2021年度　非公表
2020年度　非公表
2019年度　非公表

入試のチェックポイント

◇受験番号は…「生年月日順」
◇生まれ月の考慮…「あり」

〈本書掲載分以外の過去問題〉

◆常識：この絵のものが大きくなったら何になるか。［2019年度］
◆推理：動物がお約束の通りに並んでいる。空欄に入る動物はどれか。［2019年度］
◆図形：見本通りに記号を書き写す。［2019年度］
◆数量：サイコロの目の数だけ動物が進む。止まったところに○を書く。［2019年度］
◆常識：書かれている絵の次の季節のものを選ぶ。［2018年度］
◆言語：書かれている絵の言葉と同じ音を持つものに○をつける。［2018年度］
◆数量：積木とイチゴの数が同じものを線でつなぐ。［2018年度］

洛南高等学校附属小学校
立命館小学校
過去問題集

〈はじめに〉

現在、少子化が叫ばれているにもかかわらず、私立・国立小学校の入学試験には一定の応募者があります。入試は、ただやみくもに学習するだけでは成果を得ることはできません。志望校の過去における出題傾向を研究・把握した上で、練習を進めていくこと、その上で試験までに志願者の不得意分野を克服していくことが必須条件です。そこで、本問題集は小学校を受験される方々に、志望校の出題傾向をより詳しく知って頂くために、過去に遡り出題頻度の高い問題を結集いたしました。最新のデータを含む精選された過去問題集で実力をお付けください。

また、志望校の選択には弊社発行の「2022年度版　近畿圏・愛知県　国立・私立小学校　進学のてびき」をぜひ参考になさってください。

〈本書ご使用方法〉

◆出題者は出題前に一度問題を通読し、出題内容などを把握した上で、〈　準　備　〉の欄に表記してあるものを用意してから始めてください。

◆お子さまに絵の頁を渡し、出題者が問題文を読む形式で出題してください。問題を読んだ後で、絵の頁を渡す問題もありますのでご注意ください。

◆「分野」は、問題の分野を表しています。弊社の問題集の分野に対応していますので、復習の際の目安にお役立てください。

◆一部の描画や工作、常識等の問題については、解答が省略されているものがあります。お子さまの答えが成り立つか、出題者が各自でご判断ください。

◆〈　時　間　〉につきましては、目安とお考えください。

◆［○年度］は、問題の出題年度です。［2021年度］は、「2020年の秋から冬にかけて行われた2021年度入学志望者向けの考査で出題された問題」という意味です。

◆学習のポイントは、指導の際にご参考にしてください。

◆【おすすめ問題集】は各問題の基礎力養成や実力アップにお役立てください。

〈本書ご使用にあたっての注意点〉

◆文中に **この問題の絵は縦に使用してください。** と記載してある問題の絵は縦にしてお使いください。

◆〈　準　備　〉の欄で、クレヨンと表記してある場合は12色程度のものを、画用紙と表記してある場合は白い画用紙をご用意ください。

◆文中に **この問題の絵はありません。** と記載してある問題には絵の頁がありませんので、ご注意ください。なお、問題の絵の右上にある番号が連番でなくても、中央下の頁番号が連番の場合は落丁ではありません。

下記一覧表の●が付いている問題は絵がありません。

問題1	問題2	問題3	問題4	問題5	問題6	問題7	問題8	問題9	問題10
問題11	問題12	問題13	問題14	問題15	問題16	問題17	問題18	問題19	問題20
問題21	問題22	問題23	問題24	問題25	問題26	問題27	問題28	問題29	問題30
		●	●	●					
問題31	問題32	問題33	問題34	問題35	問題36	問題37	問題38	問題39	問題40
							●		
問題41	問題42	問題43	問題44	問題45	問題46	問題47	問題48	問題49	
								●	

㊢ 先輩ママたちの声！

◆実際に受験をされた方からのアドバイスです。
ぜひ参考にしてください。

洛南高等学校附属小学校

・試験当日、保護者に作文が出されましたが、課題が難しく、時間内に考えをまとめるのは大変でした。ふだんから子どもの教育について、しっかり考えて書き留めておいた方がよいと思います。

・保護者面接には、「なぜ洛南高等学校附属小学校に入学させたいか」というテーマの作文（300字程度）を持参します。事前に学校について調べ、教育方針や一貫教育についてきちんと理解している家庭を求めているのだと感じました。

・きちんと勉強させたつもりでしたが、それでも子どもは「難しかった」と言っていました。試験対策はしっかりとっておいた方がよさそうです。

・ペーパーテストの表紙には、名前の記入欄が４箇所あり、「ひらがな、カタカナ、漢字、英語で書けるところだけ記入してください。１つでも４つでも構いません」という指示があったそうです。

立命館小学校

・親子の関係や家庭での教育理念を具体的に聞かれました。試験対策としてだけでなく、早い段階から子育てに対する話し合いや取り組みをしていて、本当によかったと思いました。

・考査は約４時間近くありました。最後まで集中して取り組むことができるように早めの対策を心がけていたので、心に余裕をもって送り出すことができました。

・試験の分野が幅広いので、子どもがもっと興味を持ってくれるように、いろいろなことを体験させ、学習に結び付けるということを、もっと早い段階からすればよかったと思いました。

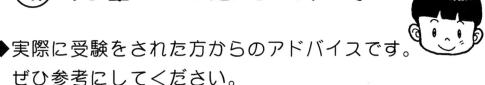

〈洛南高等学校附属小学校〉

※問題を始める前に、本書冒頭の「本書ご使用方法」「本書ご使用にあたっての注意点」をご覧ください。
※本校の考査は鉛筆を使用します。間違えた場合は×で訂正し、正しい答えを書くよう指導してください。

**保護者の方は、別紙の「家庭学習ガイド」「合格ためのアドバイス」を先にお読みください。
当校の対策および学習を進めていく上で役立つ内容です。ぜひご覧ください。**

2021年度の最新問題

問題1　分野：お話の記憶

〈準 備〉　鉛筆

〈問 題〉　**この問題の絵は縦に使用してください。**
お話をよく聞いて、後の質問に答えてください。

次の日曜日、タロウくんはお父さんと動物園に行く約束をしています。天気予報では雨になっているので、てるてる坊主を作っていい天気になることを願っています。
待ちに待った日曜日、朝からとてもいい天気です。タロウくんはてるてる坊主に感謝しました。お母さんが作ってくれたお弁当を持ってお家を出ようとした時に、「何か忘れているものはないか？」とお父さんに言われ、タロウくんはマスクをするのを忘れていたことを思い出しました。
動物園には電車で向かいます。電車の中で、タロウくんは何を見ようか悩んでいます。「ライオンは絶対見たいな」「ゾウも見たい」「サルも見よう」といろいろ考えていると動物園の近くの駅に着きました。何を見ようか悩んでいたタロウくんでしたが、入口から近い順番に見ていくことに決めました。動物園に入ると、すぐにサルがいました。通路に沿って歩いていくと、ライオン、カバ、ワニ、ゾウの順番でした。途中でお母さんの作ってくれたおにぎりを食べました。動物園を１周する頃にはすっかり夕方になってしまいました。空にはアカトンボが飛んでいます。
「今日はとっても楽しかった！」とタロウくんが言うと、お父さんが「来週はお母さんもいっしょに出かけよう」と言いました。タロウくんは「山登りがしたい」と言ったので、来週の日曜日は家族３人で山登りに行くことになりました。タロウくんはいい天気になるように、家に帰ったらまた、てるてる坊主を作ろうと思いました。

（問題１の絵を渡す）
①動物園に行った日の天気で正しいものはどれでしょうか。選んで○をつけてください。
②動物園に行く時にタロウくんが忘れたものは何でしょうか。選んで○をつけてください。
③タロウくんとお父さんは何に乗って動物園に行ったでしょうか。選んで○をつけてください。
④動物を見た順番で正しいものはどれでしょうか。選んで○をつけてください。
⑤このお話の季節はいつでしょうか。同じ季節のものを選んで○をつけてください。
⑥来週の日曜日はどこに行こうと決めたでしょうか。選んで○をつけてください。

〈時 間〉　各15秒

問題2　分野：言語（いろいろな言葉）

〈準備〉　鉛筆

〈問題〉　①空が泣いている絵に○をつけてください。
②空が怒っている絵に○をつけてください。
③花が咲いて笑っている絵に○をつけてください。

〈時間〉　各15秒

問題3　分野：言語（いろいろな言葉）

〈準備〉　鉛筆

〈問題〉　①「やったー！」と言う時、どんな顔をしているでしょうか。選んで○をつけてください。
②「ごめんなさい」と言う時、どんな顔をしているでしょうか。選んで○をつけてください。

〈時間〉　各15秒

問題4　分野：推理（欠所補完）

〈準備〉　鉛筆

〈問題〉　絵の黒い部分にはどのピースが入るでしょうか。選んで○をつけてください。

〈時間〉　20秒

問題5　分野：推理（比較）

〈準備〉　鉛筆

〈問題〉　絵のコップにそれぞれヤカンで水を入れました。１番早く水がいっぱいになるコップはどれでしょうか。選んで○をつけてください。

〈時間〉　20秒

問題6　分野：推理（欠所補完）

〈準備〉　鉛筆

〈問題〉　線がなくなっているところがいくつかあります。すべてがつながるように線を引いてください。

〈時間〉　１分

問題7　分野：推理（迷路）

〈準備〉　鉛筆

〈問題〉　■のマスからスタートして、すべてのマスを通るように１本の線を引いてください。ただし、同じマスを通ってはいけません。

〈時間〉　①②各30秒　③１分

問題8　分野：推理（ブラックボックス）

〈準備〉　鉛筆

〈問題〉　上の段を見てください。それぞれの印を通ると色や向きが変わります。下の段のように変わる時にはどの印が四角の中に入るでしょうか。空いている四角の中に印を書いてください。

〈時間〉　１分

問題9　分野：推理（座標の移動）

〈準備〉　鉛筆

〈問題〉　上の段を見てください。ネコは１マス前に進みます。ウサギは２マス前に進みます。ブタは右に向きを変えます。イヌは左に向きを変えます。●のところからスタートして、動物の名前の通りに進みます。止まったところに○を書いてください。
①ネコ・イヌ・ウサギ・ブタ・ネコ
②ブタ・ブタ・ウサギ・イヌ・ネコ・イヌ・ウサギ
③ネコ・イヌ・ネコ・ブタ・ネコ・イヌ・ネコ・ブタ・ネコ

〈時間〉　各10秒

問題10　分野：推理（五目ならべ）

〈準備〉　鉛筆

〈問題〉　①印を４つ並べると勝ちになるゲームです。○×○×の順番で書いていきます。並べるのは縦でも横で斜めでも構いません。次は○の番です。どこに○を書けば勝てるでしょうか。そのマスに○を書いてください。
②次は印を５つ並べると勝ちになります。○×○×の順番で書いていきます。並べるのは縦でも横で斜めでも構いません。次は○の番です。どこに○を書けば勝てるでしょうか。そのマスに○を書いてください。

〈時間〉　各20秒

問題11　分野：推理（シーソー）

〈準備〉　鉛筆

〈問題〉　**この問題の絵は縦に使用してください。**
①ネコとイヌとサルが重さ比べをすると上のようになりました。２番目に重い動物を下の四角の中から選んで○をつけてください。
②クジラとライオンとサルが重さ比べをすると上のようになりました。クジラ１頭はサル何匹と同じ同じ重さでしょうか。下の四角の中にその数だけ○を書いてください。ライオン３頭はサル何匹と同じ重さでしょうか。下の四角の中にその数だけ○を書いてください。

〈時間〉　①30秒　②１分

問題12　分野：数量（たし算・ひき算）

〈準備〉　鉛筆

〈問題〉　①全部で13個にするためには、ミカンはあといくつ必要でしょうか。その数の分だけ右の四角の中に○を書いてください。
②魚を３人に４匹ずつ分けます。今６匹配り終わりました。魚はあと何匹いるでしょうか。その数の分だけ右の四角の中に○を書いてください。
③イチゴが15個あります。タロウくんが５個、ジロウくんが６個食べました。残りは何個あるでしょうか。その数の分だけ右の四角の中に○を書いてください。

〈時間〉　各20秒

問題13　分野：数量（数える）

〈準備〉　鉛筆

〈問題〉　１番上の段にある△は、下の形の中にいくつあるでしょうか。１番下の四角の中にその数の分だけ○を書いてください。

〈時間〉　１分

問題14　分野：図形（異図形探し）

〈準備〉　鉛筆

〈問題〉　この絵の中に違っているものが３つあります。違っている絵に○をつけてください。

〈時間〉　40秒

問題15　分野：図形（重ね図形）

〈準 備〉　鉛筆

〈問 題〉　左の２つの形は透明な紙に書いてあります。この２つの形をそのまま横に動かして重ねるとどんな形になるでしょうか。選んで○をつけてください。

〈時 間〉　１分

問題16　分野：図形（鏡図形）

〈準 備〉　鉛筆

〈問 題〉　**この問題の絵は縦に使用してください。**
上に描いてある絵が水に映って下の絵のようになっていますが、正しくないところが３つあります。下の絵から選んで○をつけてください。

〈時 間〉　１分

問題17　分野：図形（図形分割）

〈準 備〉　鉛筆

〈問 題〉　食べものをみんなで分けてください。
①ホットケーキを４人で分けましょう。同じ大きさになるように線を引いてください。
②イチゴのケーキを３人で分けましょう。同じ大きさになるように線を引いてください。
③おにぎりを２人で分けましょう。同じ大きさになるように線を引いてください。

〈時 間〉　各20秒

問題18　分野：図形（回転図形）

〈準 備〉　鉛筆

〈問 題〉　１番左の形が真ん中の線を中心に矢印の方向にくるくる回ります。
①横から見た時、形はどう見えるでしょうか。選んで○をつけてください。
②横から見た時、形はどう見えるでしょうか。選んで○をつけてください。
③上から見た時、形はどう見えるでしょうか。選んで○をつけてください。

〈時 間〉　各20秒

問題19　分野：図形（展開図）

〈準備〉　鉛筆

〈問題〉　それぞれの形をサイコロのように組み立てた時、●の裏側にくる動物に○をつけてください。

〈時間〉　1分30秒

問題20　分野：常識（理科）

〈準備〉　鉛筆

〈問題〉　①ハトはどれでしょうか。選んで○をつけてください。
②ヤギはどれでしょうか。選んで○をつけてください。
③コオロギはどれでしょうか。選んで○をつけてください。

〈時間〉　各15秒

問題21　分野：常識（日常生活）

〈準備〉　鉛筆

〈問題〉　女の子がお腹をおさえて座り込んでいます。どう声をかけてあげればよいでしょうか。正しいと思う人に○をつけてください。
「そこは座るところじゃないよ」と男の子は言いました。
「何で座っているの？」と女の子は言いました。
「どうしたの。大丈夫？」とおじいさんは言いました。
「そこに座っていると邪魔だよ」とおばあさんは言いました。

〈時間〉　15秒

問題22　分野：記憶（聞く記憶）

〈準備〉　鉛筆

〈問題〉　（問題を読み終えてから問題22の絵を渡す）
机の下にあるクレヨンと机の上にあるノートと椅子の横にあるハサミに○をつけてください。

〈時間〉　30秒

家庭学習のコツ①　「先輩ママのアドバイス」を読みましょう！

本書冒頭の「先輩ママのアドバイス」には、実際に試験を経験された方の貴重なお話が掲載されています。対策学習への取り組み方だけでなく、試験場の雰囲気や会場での過ごし方、お子さまの健康管理、家庭学習の方法など、さまざまなことがらについてのアドバイスもあります。先輩ママの体験談、アドバイスに学び、ステップアップを図りましょう！

問題23　分野：運動

〈準備〉　なし

〈問題〉　**この問題の絵はありません。**

①線の上を歩いてください。線の端まで行ったら列の後ろに行って座りましょう。

②スキップをしてください。線の端まで行ったら列の後ろに行って座りましょう。

③横向きでギャロップをしてください。線の端まで行ったらその向きのまま戻ってきてください。

③ケンケンパーしてください。最初は左足から始めて、次は右足から始めましょう。

〈時間〉　適宜

問題24　分野：保護者面接

〈準備〉　なし

〈問題〉　**この問題の絵はありません。**

【父親へ】
・お子さまの受験番号、氏名、生年月日を言ってください。
・ご家族の中に洛南に関わりのある方はいますか。
・志願理由をお話しください。
・通学経路と所要時間を言ってください。
・お子さまに将来どうなってほしいと考えていますか。
（回答をふまえて）本校はその考えに合っていますか。
・私立の受験を決めた理由は何ですか。
・本校をどんな学校だと思っていますか。
・12年間一貫教育についてどうお考えですか。
・いじめの問題が世間を騒がしていますが、それについてどうお考えですか。
・お子さまとどんなことして遊んでいますか。
・お子さまが好きなことは何ですか。
・働いている姿をお子さまが見る機会はありますか。

【母親へ】
・ご家庭の教育方針をお聞かせください。
・お子さまの幼稚園生活はいかがですか。
・本校は学校行事が多く、その時にカレーライスを出すことが多いのですが、カレーライスは大丈夫ですか。
・お子さまの成長過程において、どんなところに洛南の必要性があるとお考えですか。
・お子さまは何か習い事をしていますか。
・お子さまはお手伝いをしていますか。
・幼稚園に通ってよかったこととよくなかったことを教えてください。
・お子さまは食べものの好き嫌いはありますか。
（回答をふまえて）苦手なものを食べさせる工夫をしていますか。
・最近どんなことでお子さまを褒めましたか。また、どんなことで叱りましたか。

※【父親へ】の質問を【母親へ】することや、その逆もあり。

〈時間〉　10分程度

問題25　分野：保護者作文

〈準備〉　原稿用紙（Ｂ４横／600字詰／縦書き）、下書き用紙
※筆記用具は、鉛筆・シャープペンシル・黒のボールペン・青のボールペン。
辞書やスマートフォンの使用は不可。

〈問題〉　**この問題の絵はありません。**

【作文１】
以下の３つの課題の中から１つ選んで書いてください。
・「子を知る親に若かず然も子を知らざることもまた往々にして親に若かず」という言葉について、思うところをお書きください。
・「現代の親は多すぎる子育て情報に溺れているのではないか」という意見について、思うところをお書きください。
・「横で比べず、縦で比べよ」という言葉について、思うところをお書きください。

【作文２】
以下の３つの課題の中から１つ選んで書いてください。
・「快適すぎるリビングは子どもの五感を鈍らせてしまう」という意見について、思うところをお書きください。
・「親が遺すことができる最大の贈り物は、親自身の自立だと思っているのよ」について思うところをお書きください。
・「子ども一人を育てるのには、愛を持った村じゅうの大人の協力が欠かせない」という言葉について、思うところをお書きください。

〈時間〉　各１時間

家庭学習のコツ②　「家庭学習ガイド」はママの味方！

問題演習を始める前に、試験の概要をまとめた「家庭学習ガイド（本書カラーページに掲載）」を読みましょう。「家庭学習ガイド」には、応募者数や試験課目の詳細のほか、学習を進める上で重要な情報が掲載されています。それらの情報で入試の傾向をつかみ、学習の方針を立ててから、対策学習を始めてください。

問題1

①

②

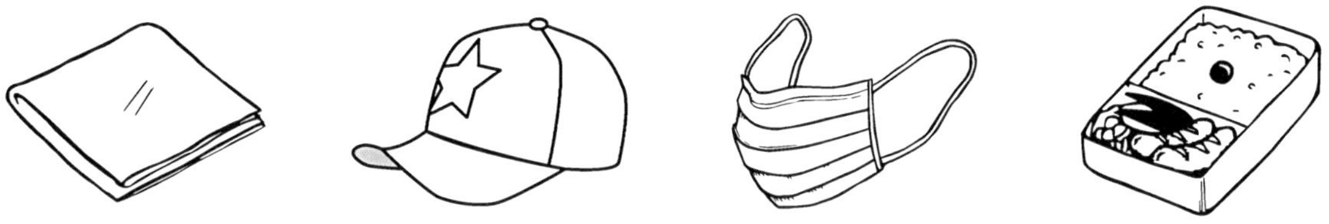

③

④

⑤

⑥

☆洛南高等学校附属小学校

問題 2

①

②

③

問題 3

①

②

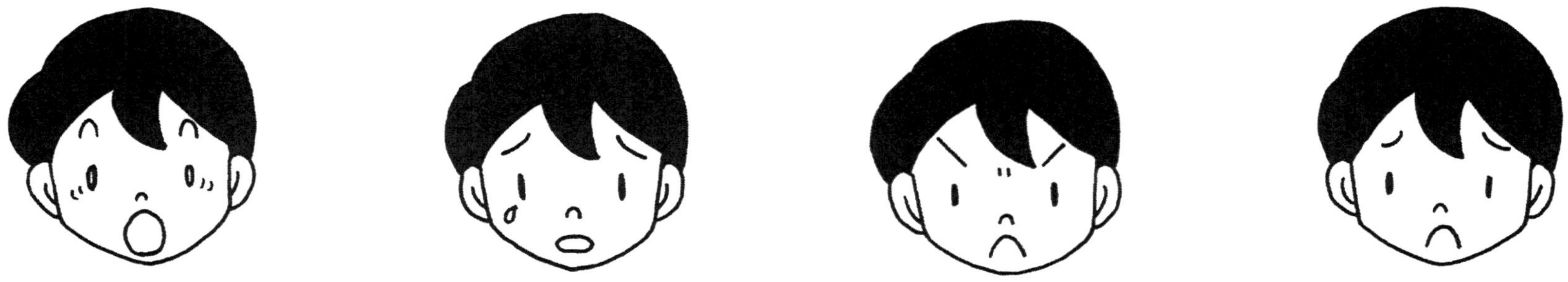

日本学習図書株式会社

問題 4

☆洛南高等学校附属小学校

2022 年 洛南・立命館 過去 無断複製／転載を禁ずる

日本学習図書株式会社

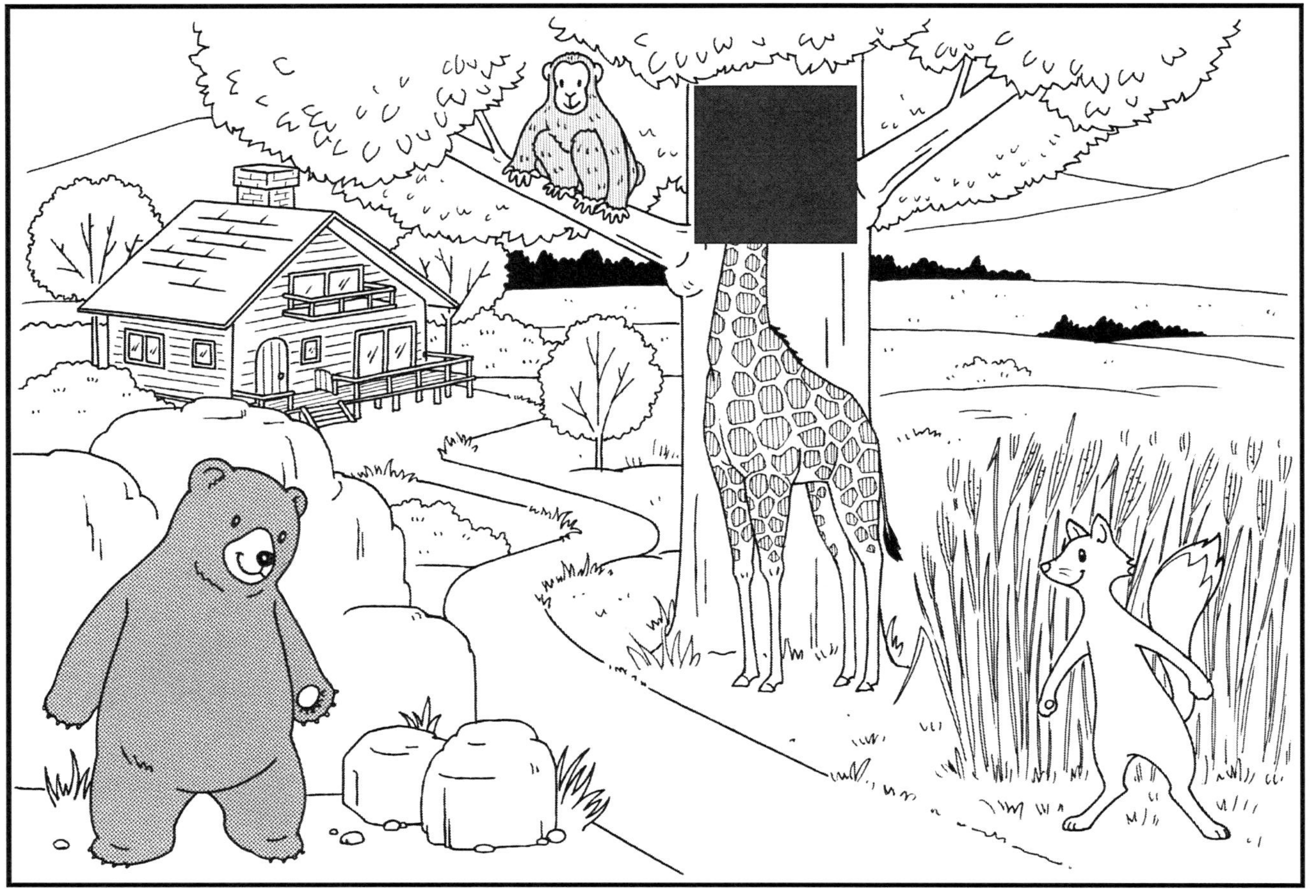

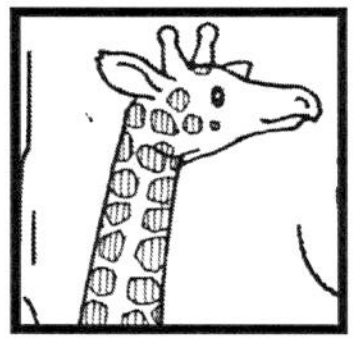

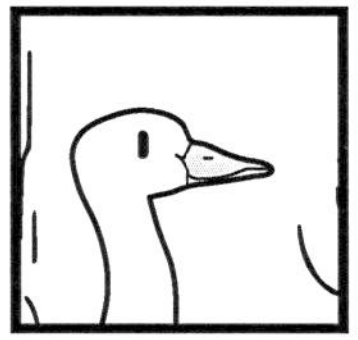

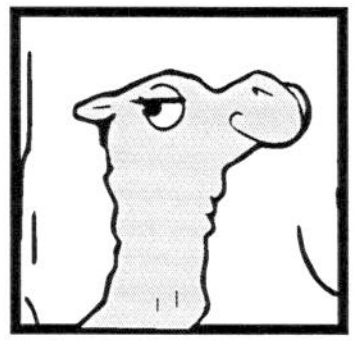

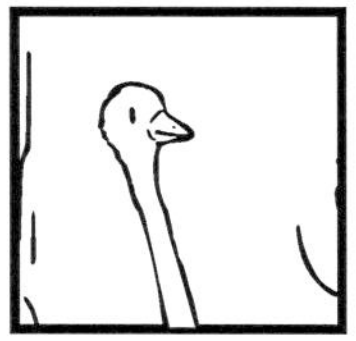

☆洛南高等学校附属小学校

2022年 洛南・立命館　過去　無断複製／転載を禁ずる　　日本学習図書株式会社

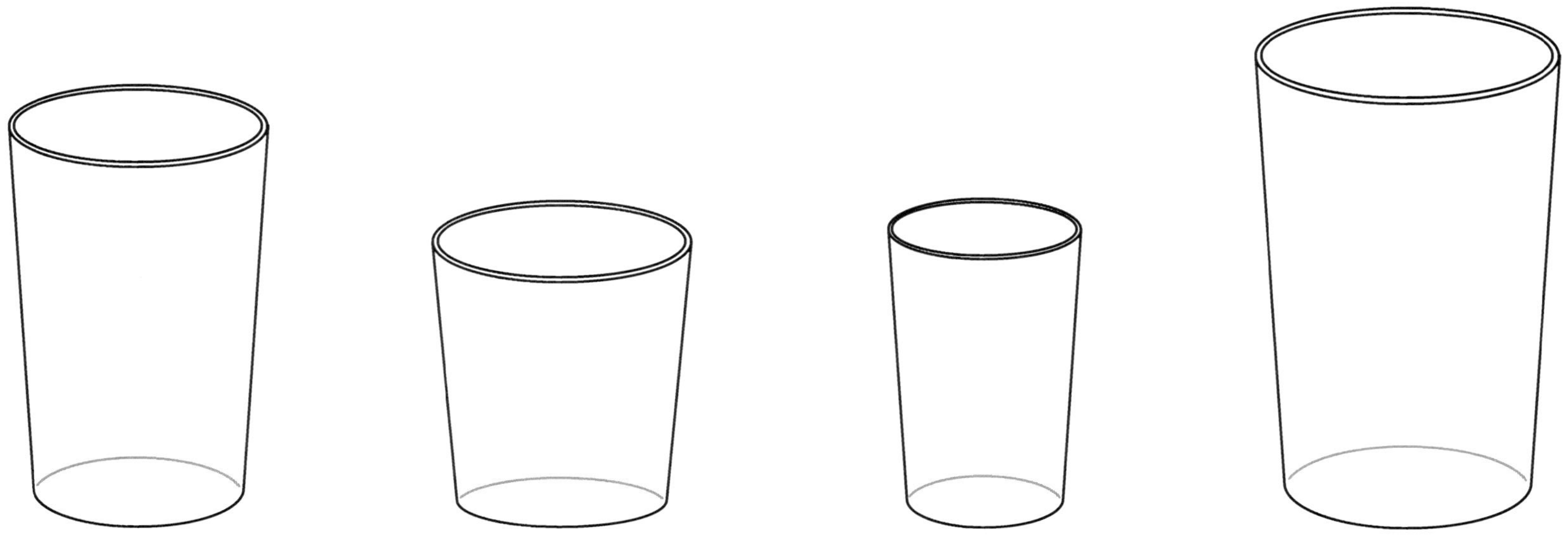

①

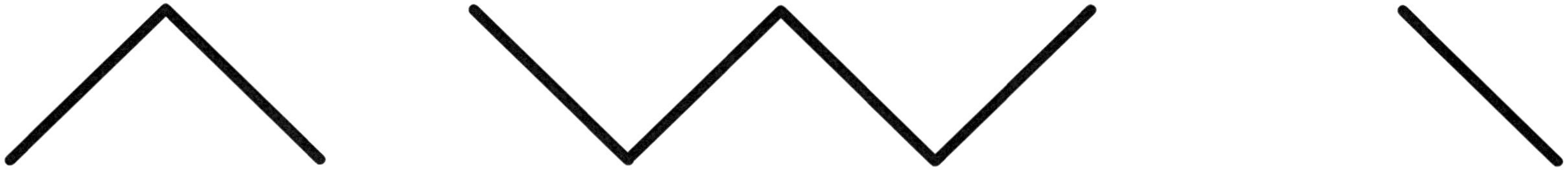

②

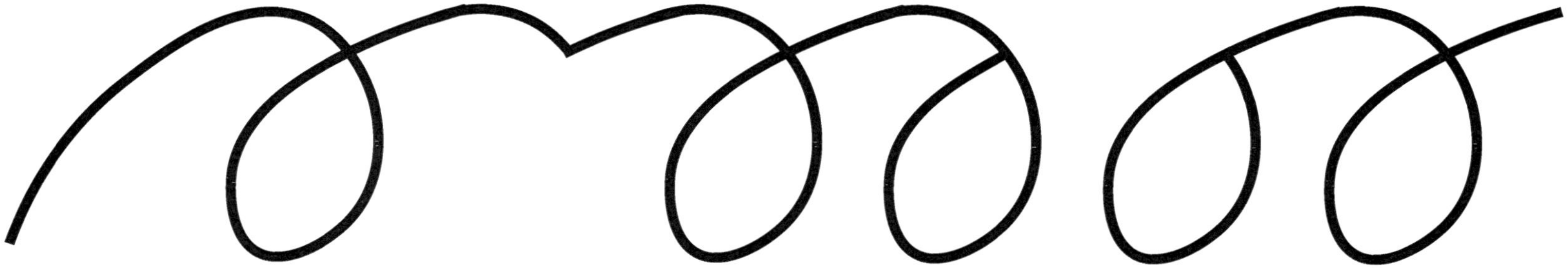

問題７－１

①

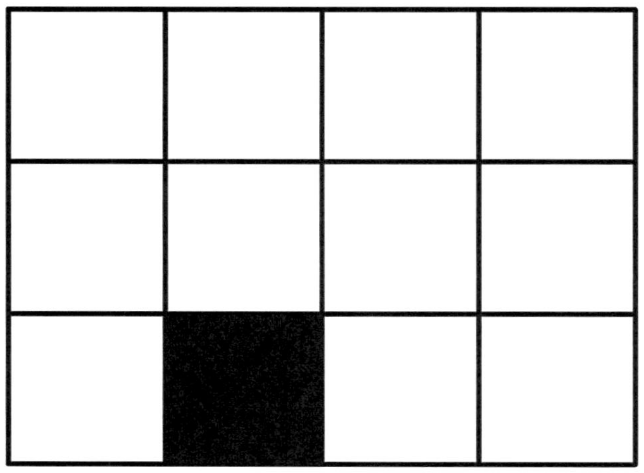

②

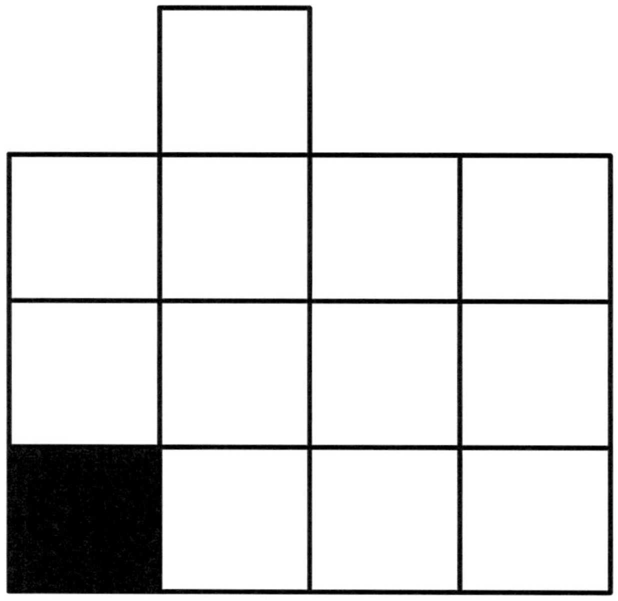

③

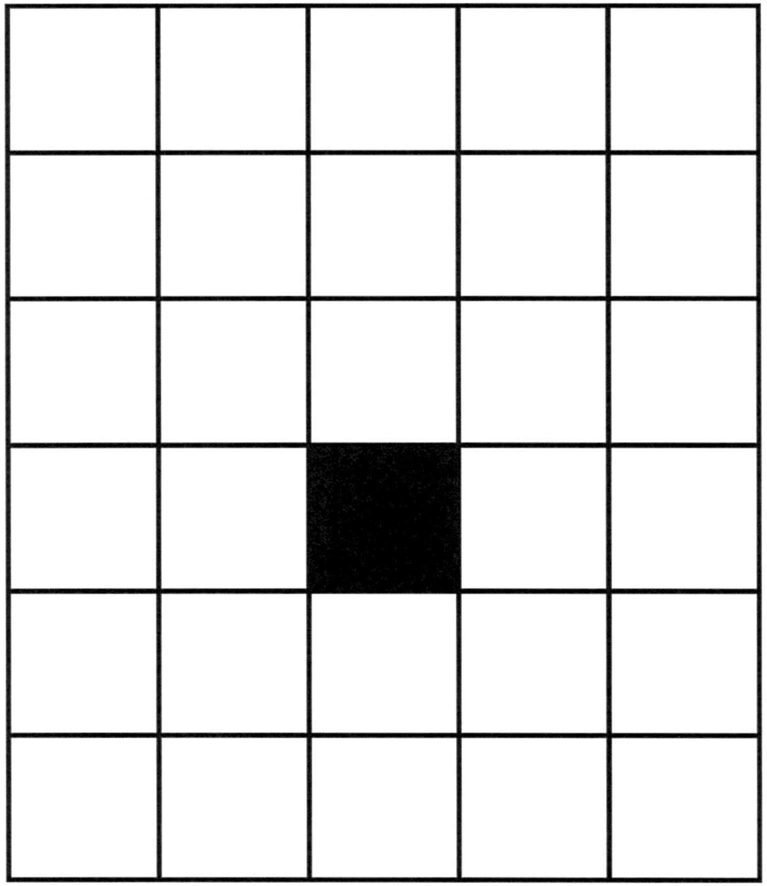

2022 年 洛南・立命館 過去 無断複製／転載を禁ずる　日本学習図書株式会社

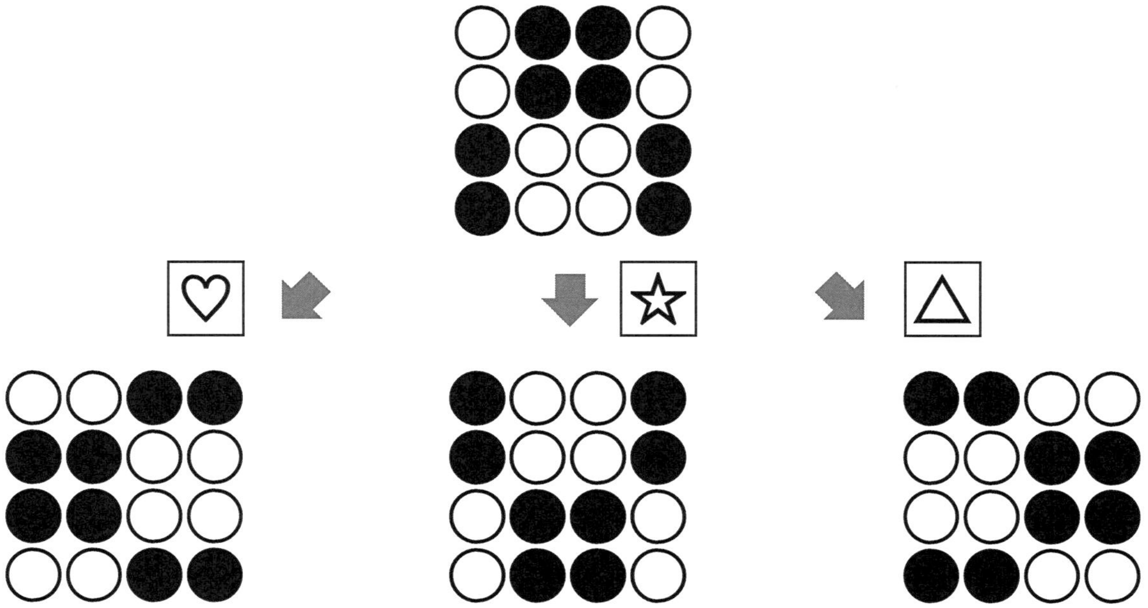

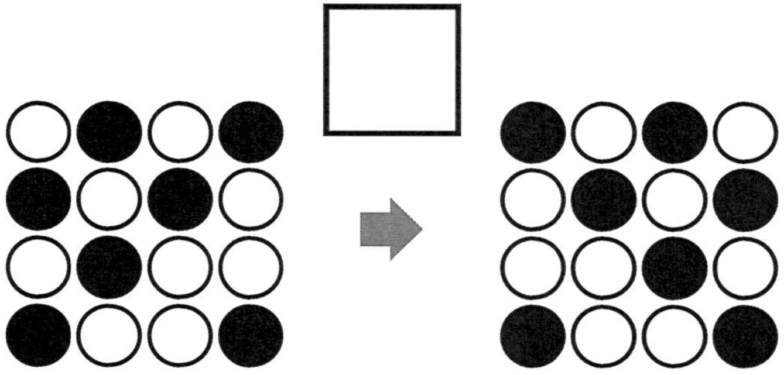

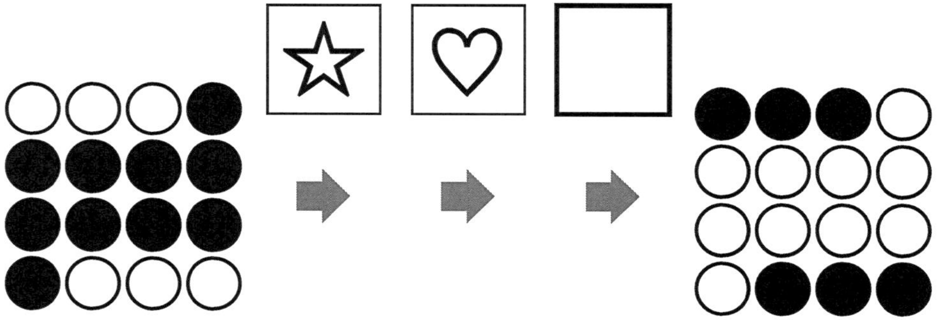

☆洛南高等学校附属小学校

2022 年 洛南・立命館　過去　無断複製／転載を禁ずる　　　日本学習図書株式会社

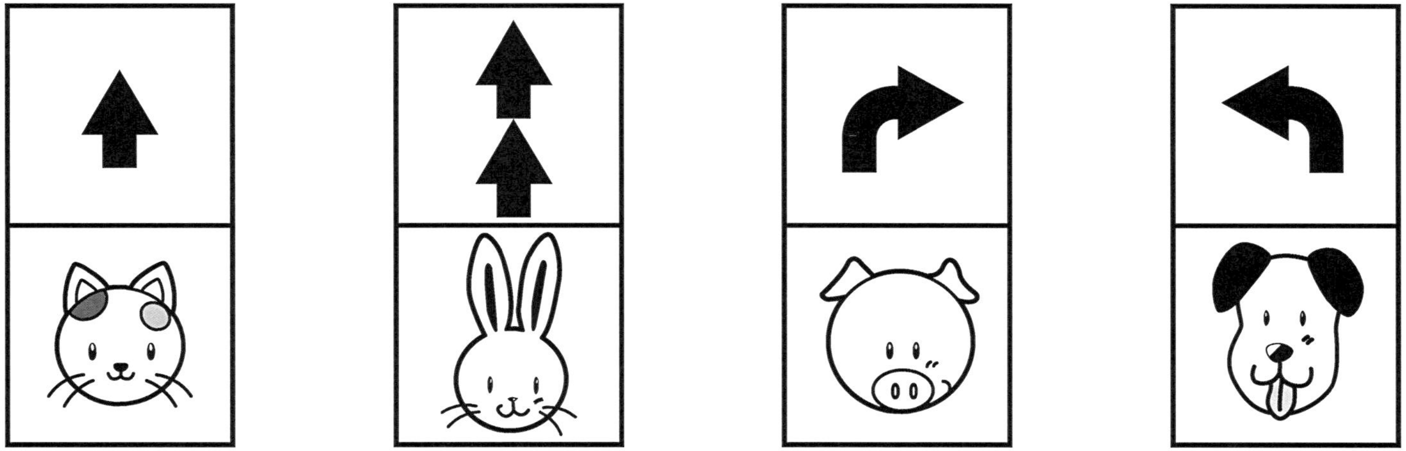

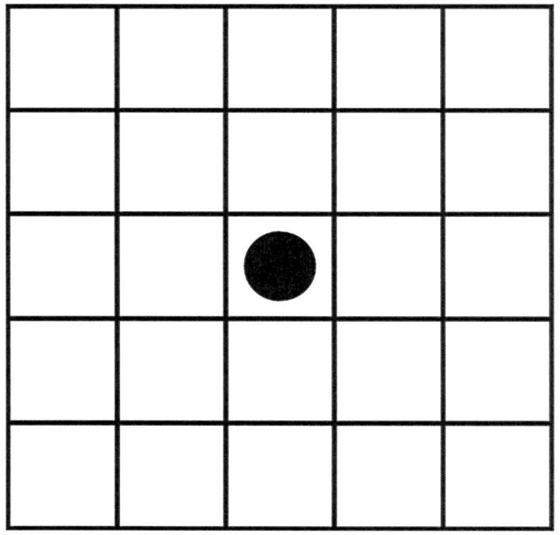

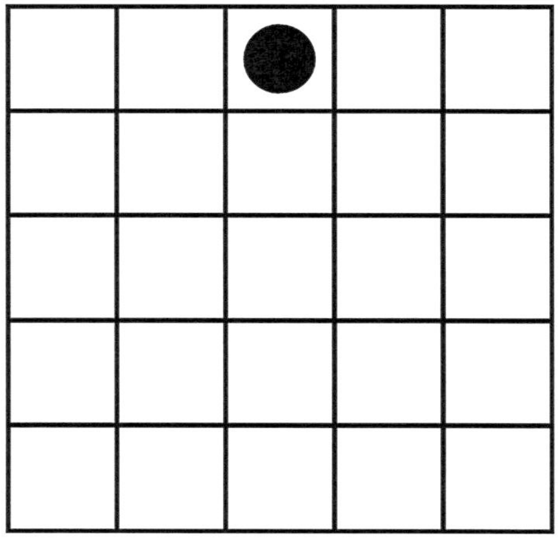

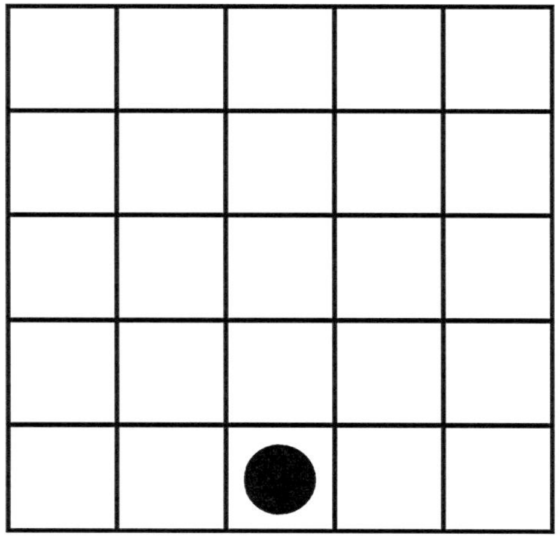

☆沼南高等学校附属小学校

②

①

2022年 沼南・立命館 過去 無断複製／転載を禁ずる

問題11

①

②

☆洛南高等学校附属小学校

日本学習図書株式会社

①

②

③

2022年 洛南・立命館　過去　無断複製／転載を禁ずる

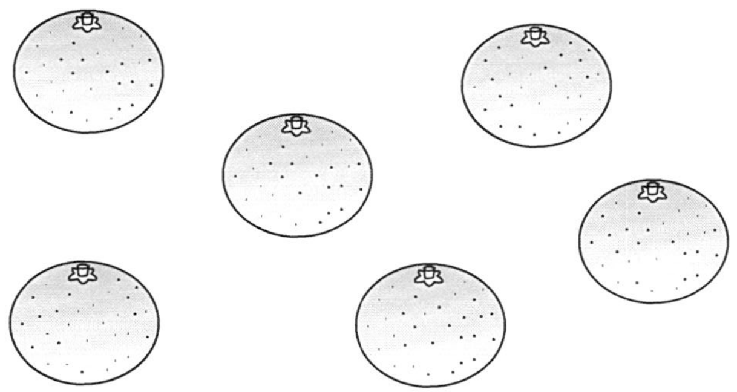

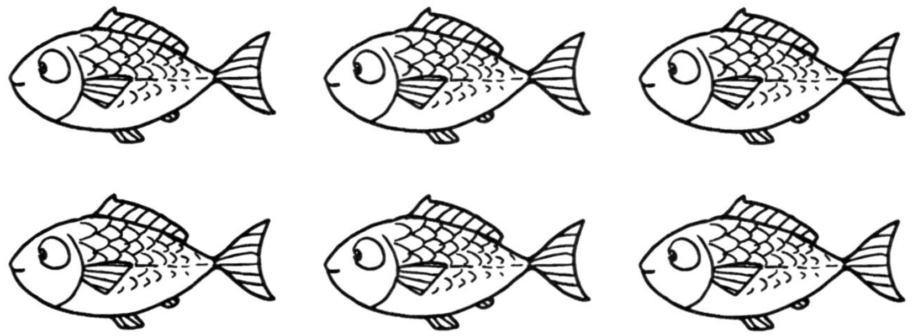

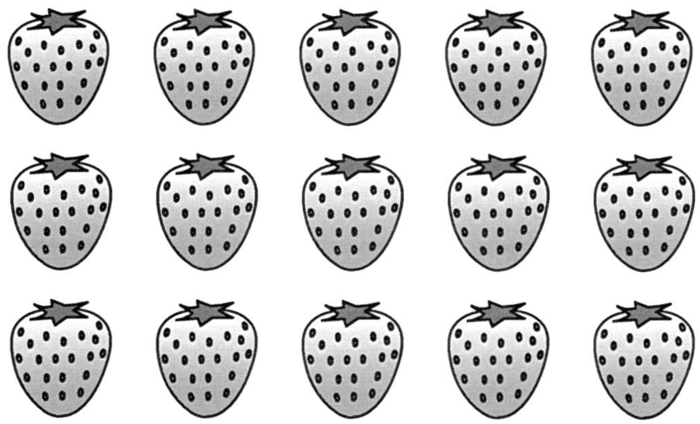

②

①

2022年 沼南・立命館 過去 無断複製／転載を禁ずる　日本学習図書株式会社

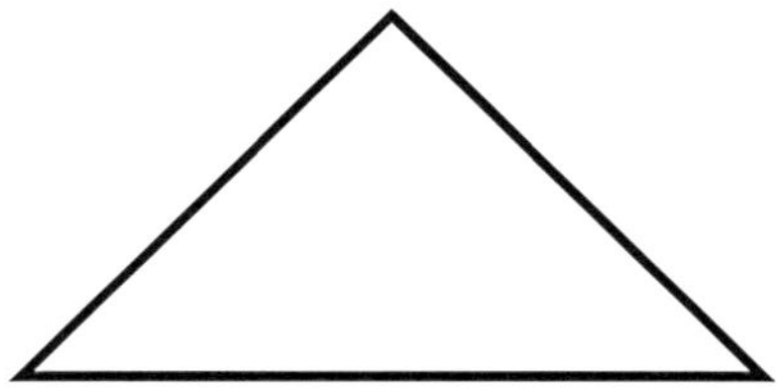

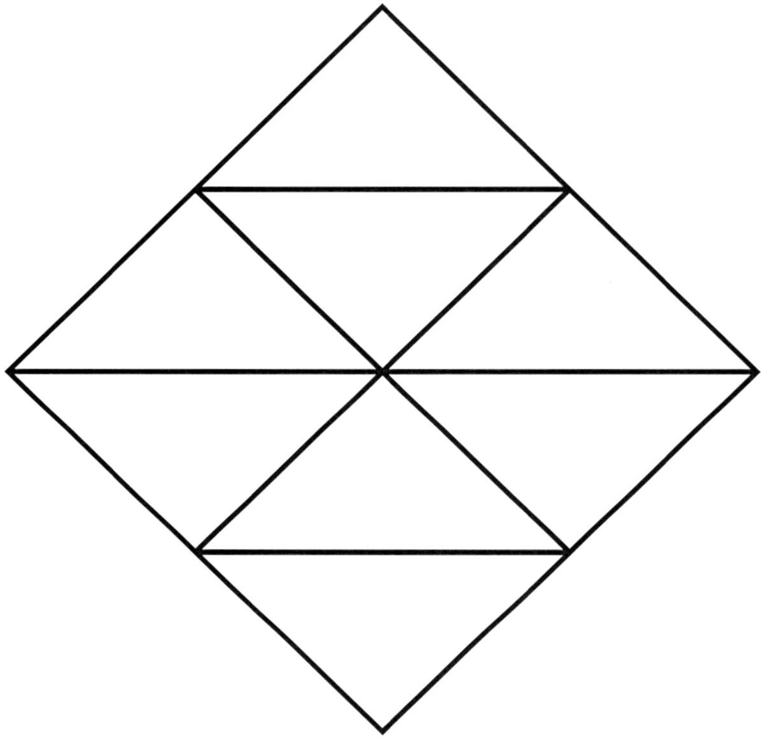

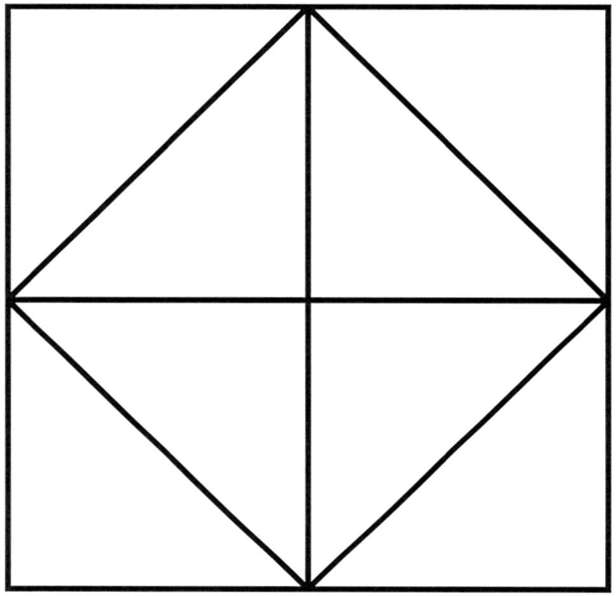

問題１４

☆洛南高等学校附属小学校

2022年 洛南・立命館 過去 無断複製／転載を禁ずる　日本学習図書株式会社

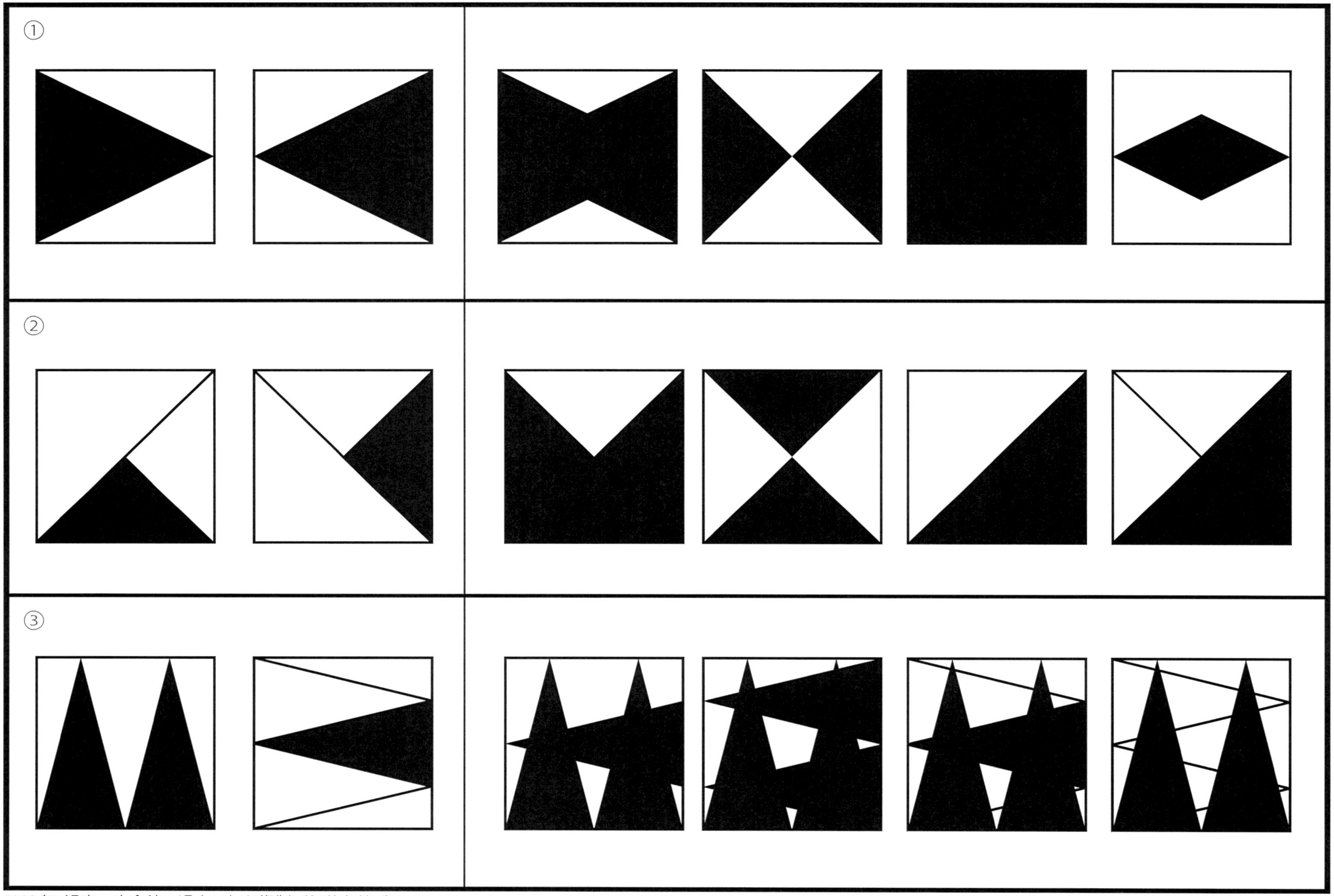

☆洛南高等学校附属小学校

問題１６

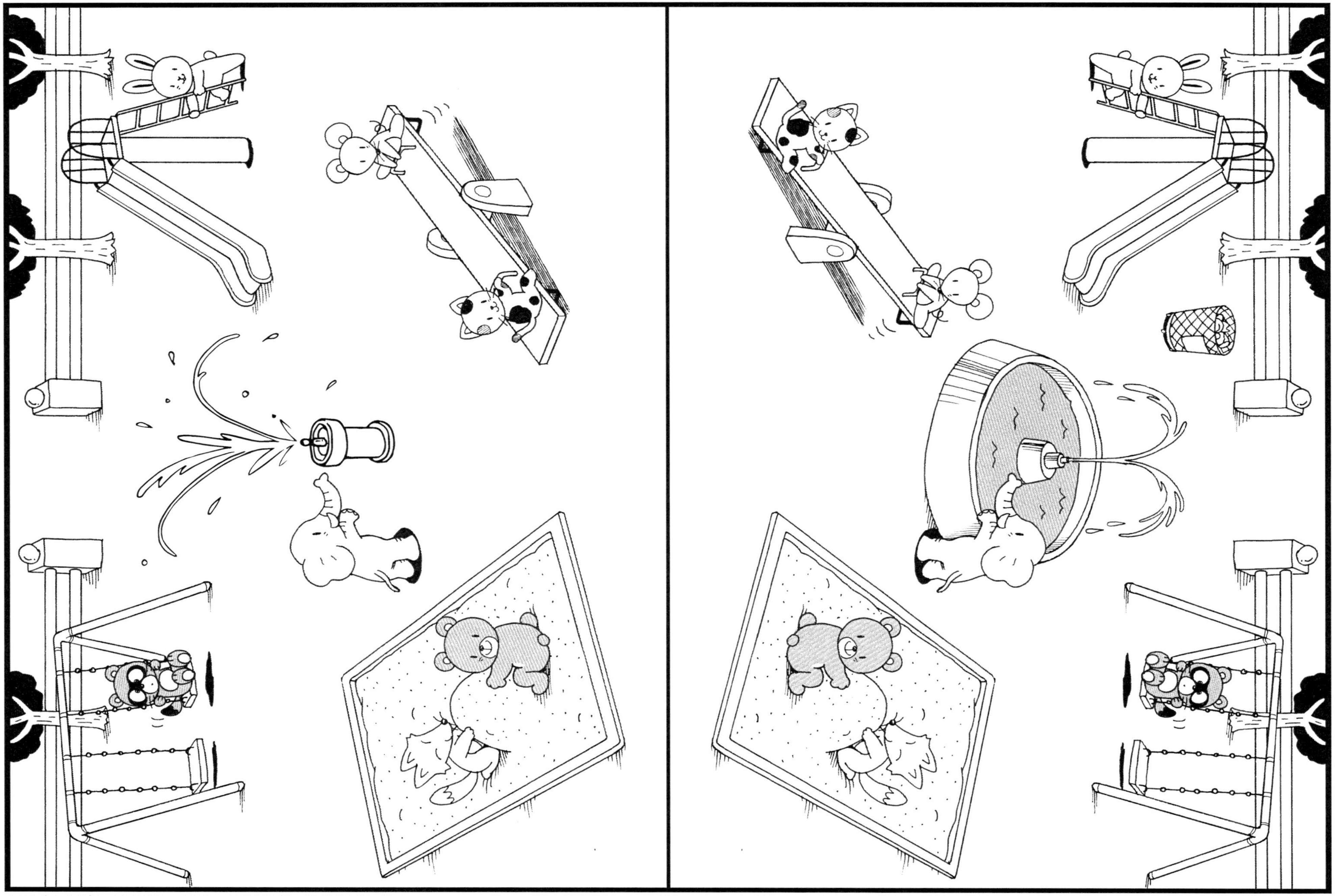

問題１７

①

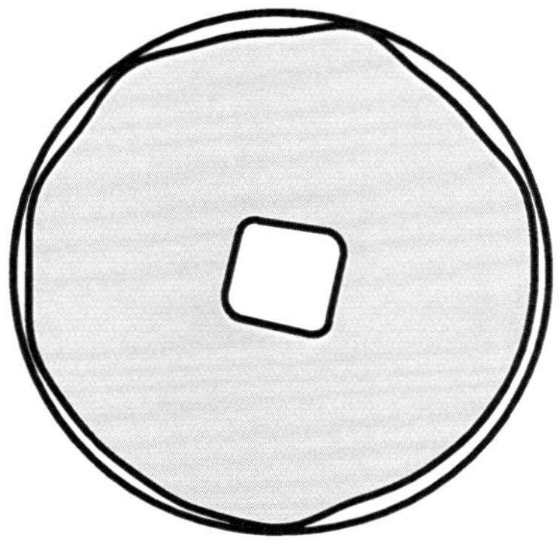

②

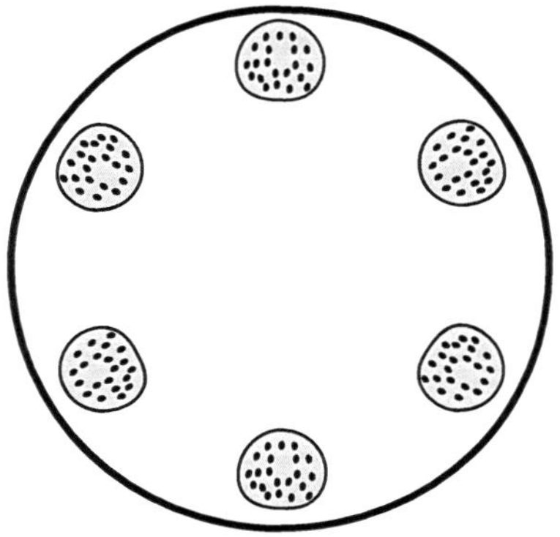

③

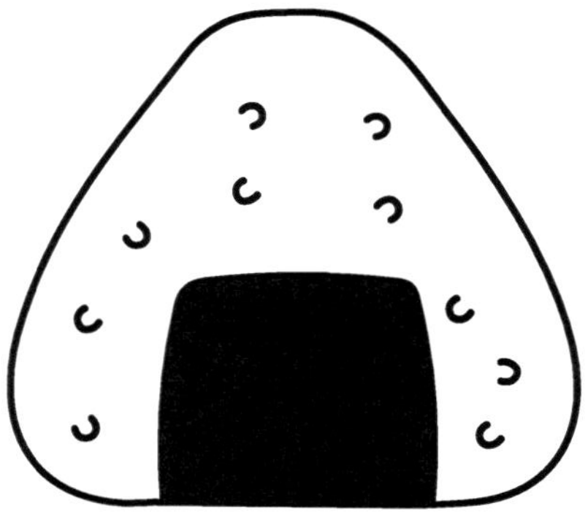

問題18

☆洛南高等学校附属小学校

①

②

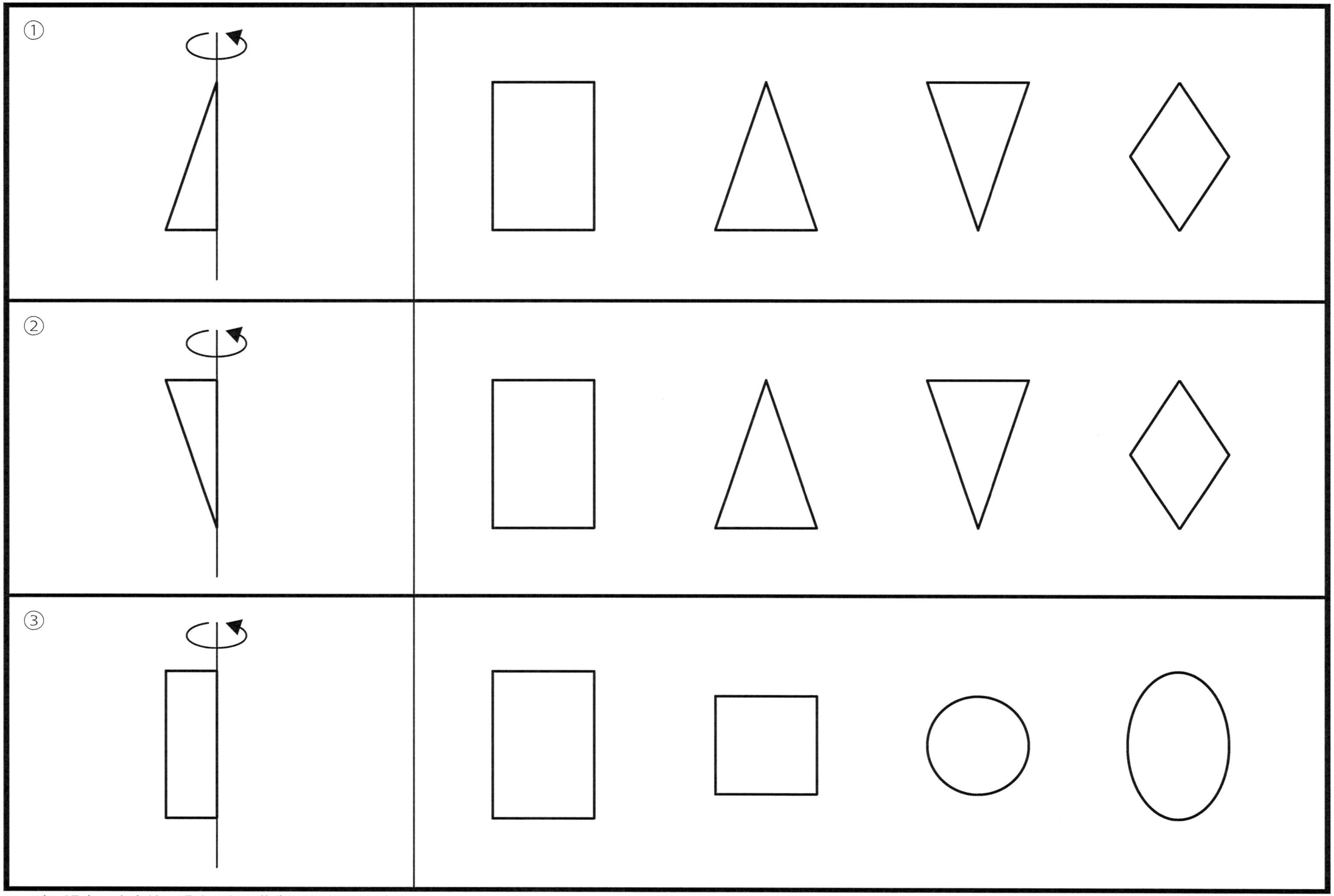

①

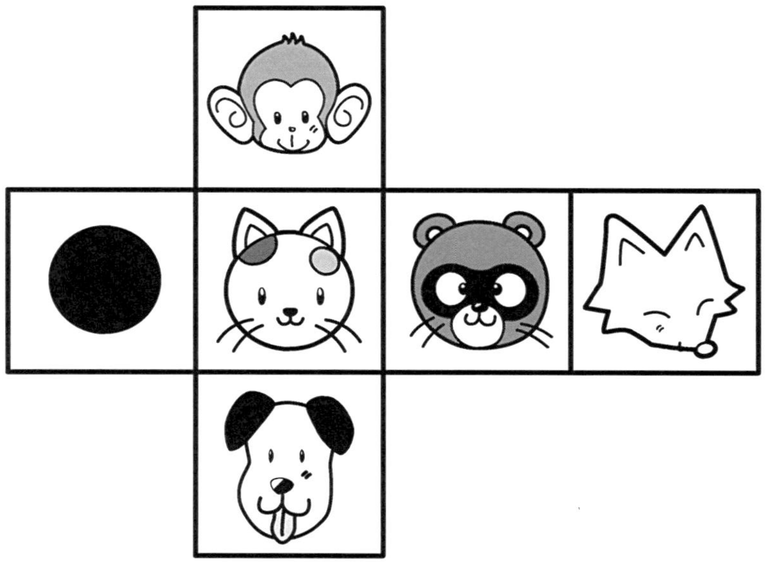

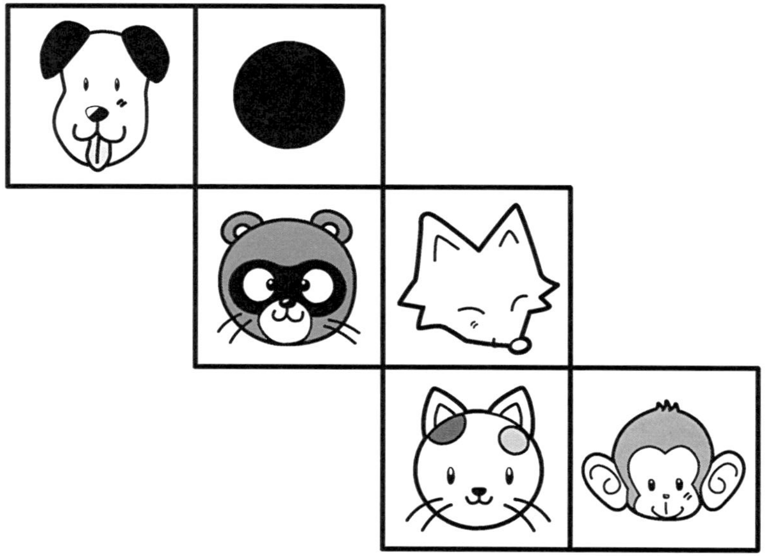

2022年 洛南・立命館 過去 日本学習図書株式会社

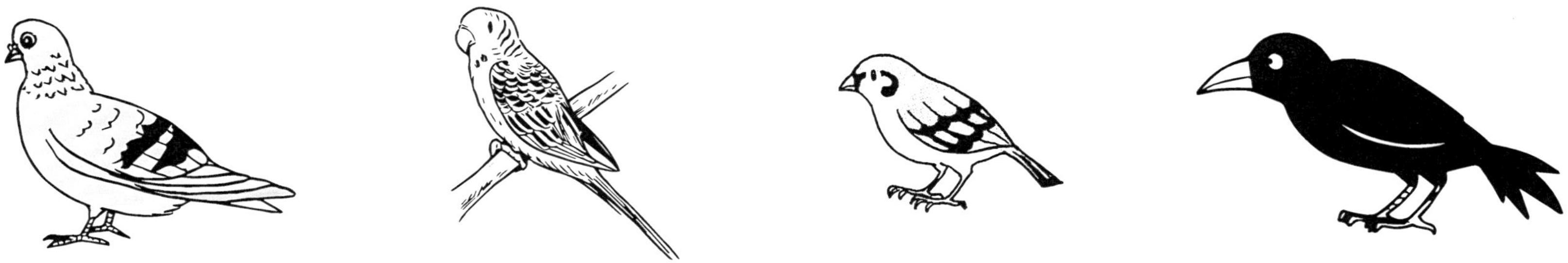

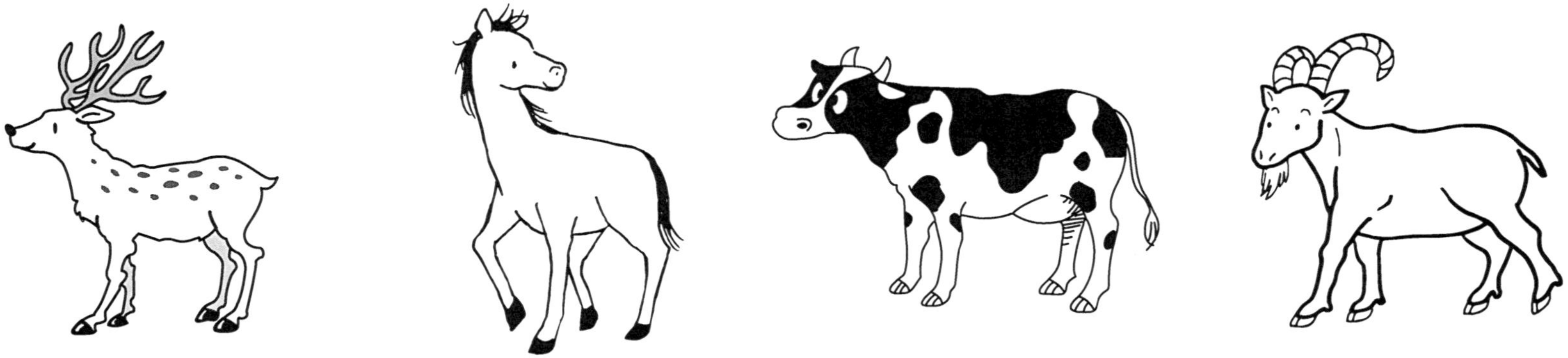

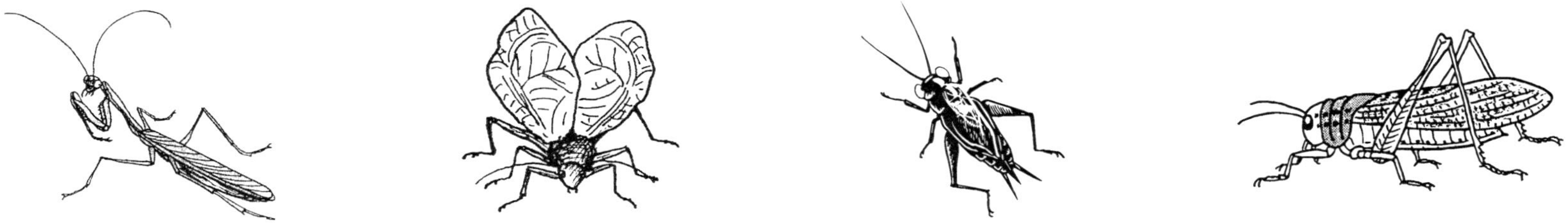

☆洛南高等学校附属小学校

2022年 洛南・立命館 過去 無断複製／転載を禁ずる 日本学習図書株式会社

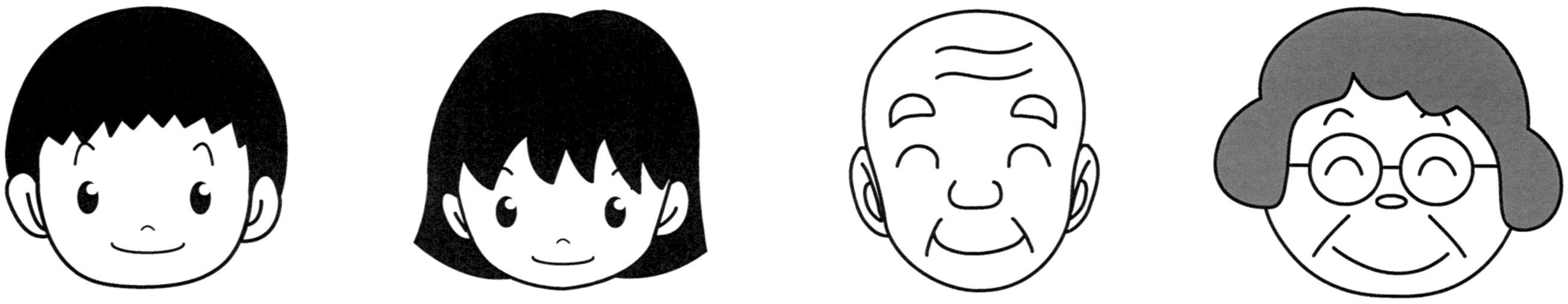

問題22

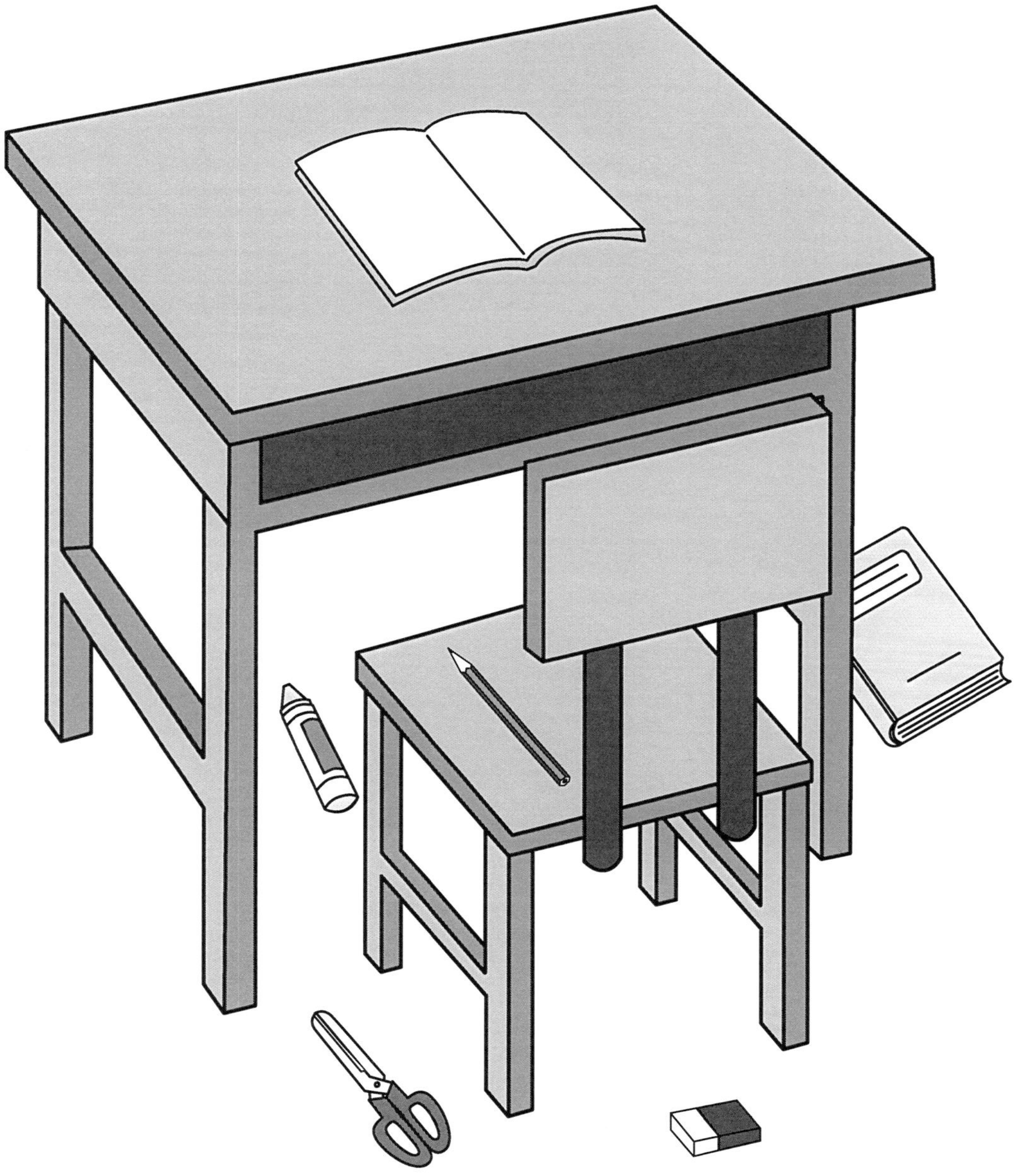

2021年度入試
解答例・学習アドバイス

解答例では、制作・巧緻性・行動観察・運動といった分野の問題の答えは省略されています。こうした問題では、各問のアドバイスを参照し、保護者の方がお子さまの答えを判断してください。

問題1　分野：お話の記憶

〈解 答〉　①左端（晴れ）　②右から２番目（マスク）　③右から２番目（電車）
④右上（サル→ライオン→ゾウ）　⑤右から２番目（ハロウィン／秋）
⑥右端（山登り）

それほど長いお話ではありませんが、問題が6問あるので細かなところまでしっかり聞いておく必要があります。特に動物を見た順番は少し考えてしまうかもしれません。何を見ようか考えている場面と実際に見た順番が異なり、実際に見た動物には選択肢にはないものも含まれています。極端に難しくはありませんが、天気、交通手段、順番、季節などお話の記憶でよく問われる問題が幅広く登場しているので、しっかり対策をしておきましょう。お話の記憶のベースは読み聞かせです。お話をしっかり聞くことができれば、基礎レベルの問題には対応できるので、まずは「聞く」ということを重視しましょう。

【おすすめ問題集】
1話5分の読み聞かせお話集①・②、お話の記憶問題集 中級編・上級編、
Ｊｒ・ウォッチャー19「お話の記憶」

問題2　分野：言語（いろいろな言葉）

〈解 答〉　①右から２番目　②右端　③右から２番目

堅い言葉で言えば比喩表現ということになりますが、絵本などの読み聞かせをしていれば、こうした言葉（文章）はよく見かけるので、あまり難しく考える必要はないでしょう。感覚的な表現なので、ペーパー学習で覚えるのではなく、体験を通して身に付けていく必要があります。本問以外にも、晴れている時、曇っている時、雪が降っている時など、さまざまな状況でお子さまに問いかけてみてください。保護者の方が思いもよらない答えが返ってくるかもしれません。本問は、言語の問題ではありますが、お子さまの感性を観ているとも言えます。さまざまな体験を通して語彙力と感性を磨いていきましょう。

【おすすめ問題集】
Ｊｒ・ウォッチャー12「日常生活」、18「いろいろな言葉」

問題３　分野：言語（いろいろな言葉）

〈解答〉　①左端　②左から２番目

当校の言語問題は、単純にものの名前を知っているといった語彙力を測るものではありません。本問では、日常生活の中での感情が問われています。ここでも体験に基づいた知識が求められます。とは言っても、普通の生活をしていれば、「やったー！」と言ったり「ごめんなさい」と言う機会はあると思うので、その時にどんな顔をしていたのかを思い出すことができれば問題なく解けるでしょう。小学校受験全般に言えることですが、言語の問題は特に生活に密着しています。お子さまとのコミュニケーション（会話）がその土台になるので、生活の中で言語分野の力を伸ばしていくように心がけましょう。

【おすすめ問題集】

Ｊｒ・ウォッチャー12「日常生活」、18「いろいろな言葉」

問題４　分野：推理（欠所補完）

〈解答〉　左端

本問は、絵の中の黒い四角を埋めるというシンプルな問題なので、ぱっと見て解答できたお子さまも多かったと思います。一見して答えがわかったとしても、本当につながっているかの確認は必ず行うようにしてください。また、欠所補完には図形的な要素の強いものや欠けている部分を描くものなど、さまざまな問題があります。もしお子さまが、こうした欠所補完の問題を苦手にしているようであれば、簡単なパズルから始めてみるとよいでしょう。空いている場所にはどんな形（絵）が入るのかを想像しながら取り組むことで、形や絵のつながりを意識できるようになります。

【おすすめ問題集】

Ｊｒ・ウォッチャー３「パズル」、59「欠所補完」

問題５　分野：推理（比較）

〈解答〉　右から２番目

問題の出し方が一般的な比較の問題と違っているので、何を問われているのかを考えてしまったお子さまもいたかもしれません。「１番早く水がいっぱいになる＝水が入る量が１番少ない」ということが理解できれば、難しい問題ではないのですが、そうした「気づき」ができるかどうかも本問の観点になっていると言えるでしょう。最近の小学校受験の傾向として、本問のような、何を問われているのかが一見わかりにくい問題が多くなってきています。難問ではないのですが、問題の出し方にひねりがあったりするので、パターン学習ではなく、より深く問題を理解する力が必要になっていくと考えられます。

【おすすめ問題集】

Ｊｒ・ウォッチャー15「比較」、58「比較②」

問題6　分野：推理（欠所補完）

〈解答〉　下図参照

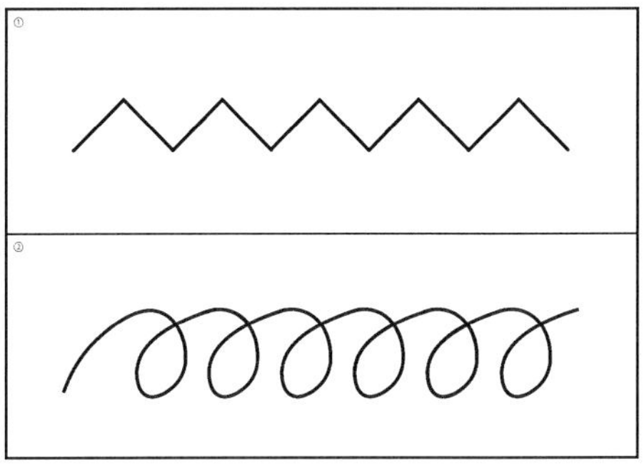

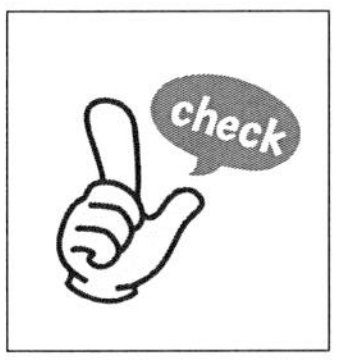

欠所補完に運筆の要素がプラスされた問題です。本問ではどんな形が空いているところに入るのかがわかったとしても、実際に書くことができなければ正解にはなりません。点図形の模写のような目安もなく、斜め線と曲線を書かなければいけないので、慣れていないと難しく感じるかもしれません。また、規則性を見つけないと答えられないという意味では、系列の要素もあります。シンプルな問題に見えるかもしれませんが、複数のポイントが含まれていることがあります。そうしたことをお子さまに意識をさせる必要はありませんが、保護者の方が知っておくことで、学習をうまくサポートできるようになりるでしょう。

【おすすめ問題集】

Ｊｒ・ウォッチャー51「運筆①」、52「運筆②」、59「欠所補完」

問題7　分野：推理（迷路）

〈解答〉　下図参照（一例）

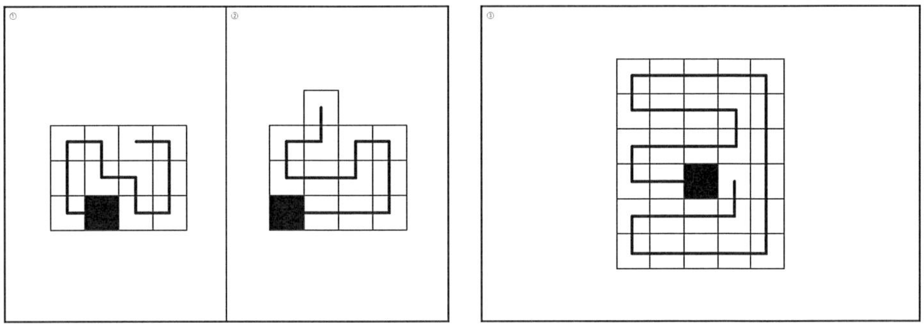

迷路（本問は少し変わった形式ですが）の問題を解く時には、「考えながら線を引く」のではなく、「考える」と「線を引く」を分けて行うことが大切です。まずは、指でなぞりながらゴールまでの道筋を確認します。その後で線を引いていくのです。ただ、これは実際の試験での取り組み方です。はじめのうちは試行錯誤しながら線を引いていく形でも問題ありません。考えながら線を引くことで、お子さまがどう考えているのかが保護者の方にもわかります。正解・不正解だけでなく、どういうところでつまずきやすいのかといったことを保護者の方が理解すれば、お子さまにお子さまにこれからどんな学習をればよいかもわかってきます。

【おすすめ問題集】

Ｊｒ・ウォッチャー７「迷路」

問題8　分野：推理（ブラックボックス）

〈解答〉　①△　②△

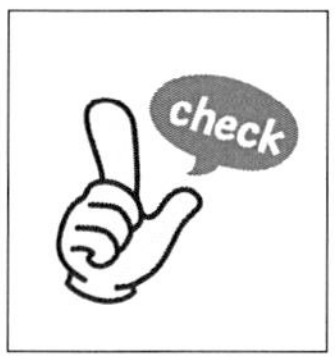

問題の形としてはブラックボックスなのですが、実際は回転図形の問題と言ってよいでしょう。「図形を右に１回まわすとどんな形になりますか」というあの問題です。１つ注意しなければいけないのは、☆を通った時です。☆は○の色が変わるというブラックボックスです。見本では２回まわしても同じ形になるので、ここも回転すると勘違いしないように気を付けてください。問題でも「色や向きが変わります」と説明されています。しっかり聞いてから取り組むようにしましょう。ブラックボックスは数の増減が問われることが多いですが、色が変わったり、形が変わったりする問題もあります。反射的に答えるのではなく、問題をよく聞き、何を問われているのかをしっかりと考えるようにしましょう。

【おすすめ問題集】
Ｊｒ・ウォッチャー32「ブラックボックス」、46「回転図形」

問題9　分野：推理（座標の移動）

〈解答〉　下図参照

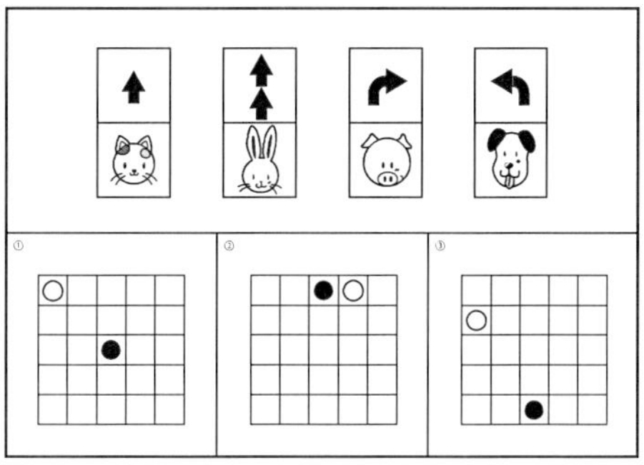

聞いたまま動かしていけばよいだけなので、簡単だと思う保護者の方もいるかと思います。ですが、お子さまにとっては意外とつまずきやすいのが座標の移動です。なぜつまずきやすいのかと言うと、お子さまの左右とマス目を移動しているコマの左右がずれてくるからです。例えば、マス目上でコマが左方向を向いている時に、「右に向きを変える」とコマは上を向くことになります。コマの視点で考えることができれば、当たり前のことなのですが、お子さまにはそれが難しいことだったりします。お子さまにとっては、右というのは自分から見た右なのです。他者の視点でものを見たり考えたりするということを意識させるようにしていきましょう。また、問題にある「右（左）に向きを変えます」というのは、そのマス内で向きを変えることです。「右（左）に進む」ではないので注意してください。

【おすすめ問題集】
Ｊｒ・ウォッチャー47「座標の移動」

問題10　分野：推理（五目ならべ）

〈解 答〉　下図参照

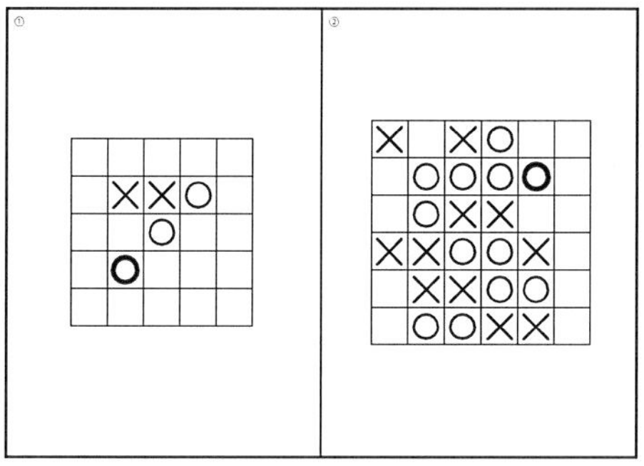

この問題では、「どこに○を置くか」と考えるより、まずルールを把握し、その中でどうすれば勝てるのかを考えなければなりません。結論から言えば、○を置いて両端に空いているマスがあれば勝ちになります（両端に空きがあるということは、次にどちらかに×を置かれてもその反対側に○を置くことができる）。自分がどこに置くかだけでなく、相手がどこに置くかまで考えられれば、本問を完全に理解していると言えるでしょう。こうした先のことまで見通すことかできる推理力や思考力が観点の問題なのです。これも他者の視点で考えることの１つということになります。

【おすすめ問題集】

Ｊｒ・ウォッチャー31「推理思考」

問題11　分野：推理（シーソー）

〈解 答〉　①真ん中（ネコ）　②クジラ／○：６、ライオン／○：９

シーソーの問題では、「すべて下にさがっているものが１番重く、すべて上にあがっているものが１番軽い」という解き方のパターンがあります。もちろんそれは正しいことではあるのですが、よく理解できていないままそれを使ってもあまり意味はありません。しっかりとシーソーの問題を理解してから使うようにしてください。シーソーの問題を理解するということは、重さの関係性を推理できるということです。例として、①で左と真ん中のシーソーだけで本問を解くと考えてください。「ネコ>イヌ」「サル>ネコ」となりますが、イヌとサルの重さは直接比較されていません。その時に２つのシーソーの結果を踏まえて「イヌ<サル」と推理し、「サル>ネコ>イヌ」という関係性を理解できるかどうかということになります。テクニックではなく、まずは理解することを優先させましょう。

【おすすめ問題集】

Ｊｒ・ウォッチャー33「シーソー」、57「置き換え」

問題12　分野：数量（たし算・ひき算）

〈解 答〉 ①○：7　②○：6　③○：4

数は多いですが、基本的な数量の問題なので、確実に正解しておきたいところです。もし、本問でつまずいてしまうようなら、数を減らして問題に取り組んでみてください。その際、おはじきなどを使って数をかぞえながら（おはじきを動かしながら）やってみると、数の感覚をつかみやすくなります。はじめのうちは意識する必要はありませんが、実際の試験では解答のスピードを求められます。特に数量の場合は、時間をかければ解ける問題が多いので、解答時間が短いことが多く、よりスピードを意識する必要があります。例えば、①では1つひとつ数えるのではなく、6個に何個足せば13個になるかをぱっとわかるようにしておきましょう。

【おすすめ問題集】

Ｊｒ・ウォッチャー38「たし算・ひき算1」、39「たし算・ひき算2」

問題13　分野：数量（数える）

〈解 答〉 ①○：8　②○：8

問われているのは、三角形がいくつあるかという単純なものです。ただ、四角の中にピッタリと三角形が配置されているので、少し数えにくいと感じるかもしれません。数量の問題ではありますが、図形的な要素も入っていると言えるでしょう。そうした図形の感覚を利用すれば、勘のよいお子さまなら、大きな四角の中に小さな四角が4つあり、それが半分になっていると考え、8個という答えを導き出せるかもしれません。小学校受験の分野はあくまでも便宜的なものなので、数量だから1つひとつ数えなければいけないというものではありません。お子さまがどんな解き方をしているのかを保護者の方がしっかりと見て、その力を伸ばしてあげるような声がけをするようにしてください。

【おすすめ問題集】

Ｊｒ・ウォッチャー14「数える」

問題14　分野：図形（異図形探し）

〈解答〉　下図参照

違っている絵の数も示されており、違いもそれほど細かなものではないので、しっかりと正解しておきましょう。解き方としては、全体を眺めるように見ながら違っているものを探し、そこで見つからないものを細かく見比べていくという形が基本になります。本問は色の違いだけなのですが、全体を見ているだけで正解を見つけることができたのではないでしょうか。意外と色の違いは目に留まりやすく、形の違いの方が見落としがちだったりします。必要なのは観察力です。何となく違うといったあいまいな答えではなく、どこが違っているのかもお子さまに聞くことで、より細かく観察する力がつくようになります。

【おすすめ問題集】
Ｊｒ・ウォッチャー４「同図形探し」

問題15　分野：図形（重ね図形）

〈解答〉　①左端　②右端　③右から２番目

重ね図形は、２つの形を重ねた後の形をイメージする必要があります。重ねた形をイメージするといっても、お子さまにとって簡単にできるものではありません。その前段階として、イメージするのではなく実際に目に見える形で重ねてみせてあげましょう。透明な下敷きやクリアファイルなどに左の２つの形の１つを描いて、もう１つの形に重ねるのです。その重なっていく様子を見ることで、少しずつ形が重なるイメージがつかめるようになっていきます。こうした「もの」を使った学習は、ペーパー以前の学習としてだけでなく、ペーパー学習の理解を深めることにも役立つので、ペーパー学習と並行して行っていくことをおすすめします。

【おすすめ問題集】
Ｊｒ・ウォッチャー35「重ね図形」

問題16　分野：図形（鏡図形）

〈解答〉　下図参照

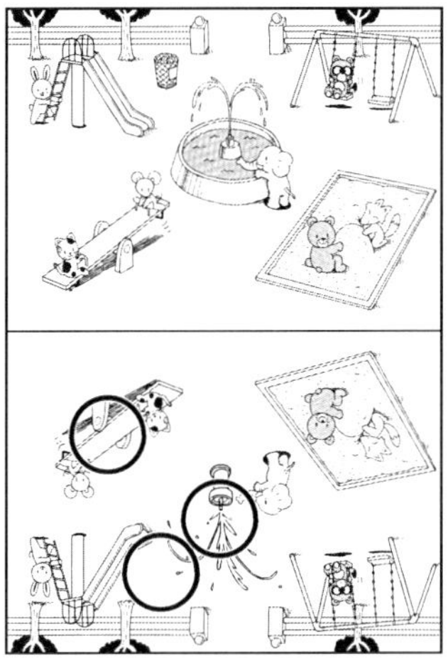

鏡図形に間違い探しの要素が加わった難度の高い問題です。しかも、縦の鏡図形なのでより難しさが増しています。鏡図形の学習をするのであれば、もう少し簡単な問題から始めることをおすすめします。また、本問ができなかったからといって、鏡図形が苦手だと考える必要はありません。保護者の方は、そうしたフォローもしっかりとしておいてください。そのためには、お子さまの学力や問題の難度を把握しておかなければなりません。難しい問題はみんなわからないと考えることも１つの方法です。特に入試本番では、できない問題を気にして、マイナスな気持ちを引きずってしまわないように、割り切って考えることも大切です。

【おすすめ問題集】

Ｊｒ・ウォッチャー48「鏡図形」

問題17　分野：図形（図形分割）

〈解答〉　下図参照

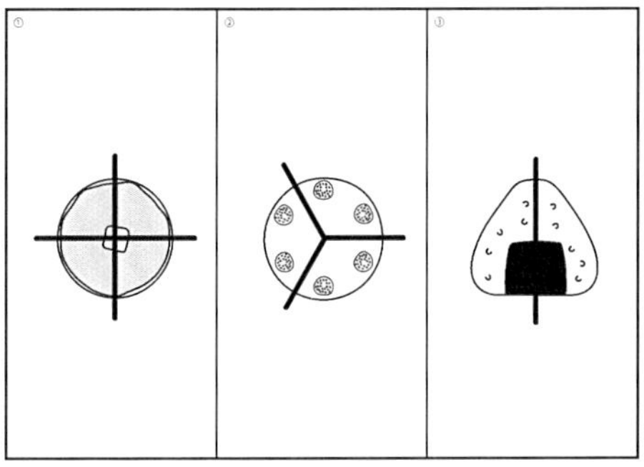

①と③は問題なくできると思いますが、②は少し悩んでしまうかもしれません。そうした時は、イチゴを何個ずつ分ければよいのかを考えさせて、どう切ればよいのかのヒントにしましょう。イチゴを２つずつ分けるためにはどうすればよいのかを考えさせるのです。円を３等分する時はこう、４等分する時はこうというパターンで覚えているかどうかではなく、実際に食べものを分けるという体験をしているかどうかが問われています。こうしたことは、８個のアメを４人で分けるといった数量の問題でも同様です。小学校受験は、すべてが体験の延長線上にあるので、生活の中に学習を取り入れていくようにしましょう。

【おすすめ問題集】

Ｊｒ・ウォッチャー45「図形分割」

問題18　分野：図形（回転図形）

〈解答〉　①左から２番目　②右から２番目　③右から２番目

一般的な回転図形とは異なり、平面から立体図をイメージする問題です。①②は見ている形のまま回転しているのである程度イメージしやすいと思いますが、③は視点を変えてイメージしなければなりません。イメージできないようであれば、実際に見せてあげましょう。紙を細い棒に貼り付けて、問題と同じようなものを実際に作ります。それをくるくる回すことで、正解を見せてあげることができます。特に③などは、四角い紙なのに視点を変えると円に見えるという驚きがあるでしょう。そうした経験は、正解にたどり着くだけでなく、学習の楽しさにもつながっていくのです。

【おすすめ問題集】

Ｊｒ・ウォッチャー５「回転・展開」、46「回転図形」

問題19　分野：図形（展開図）

〈解答〉　①タヌキ　②ネコ

こうした問題は実際に作ってみることが、理解を深めるために有効な方法です。自分で組み立てることで、平面から立体になる過程を見ることができます。何度も組み立てたり開いたりしているしているうちに、平面から立体、立体から平面という変化がイメージできるようになり、どの面とどの面がつながるのかを理解できるようになります。サイコロの展開図は小学校受験の中でも難しい問題ではありますが、自分で組み立てたりすることでしっかりと理解ができるものでもあります。実際に作る際には、面の色を変えるなどして、つながりをイメージしやすくなるようにしてあげるとよいでしょう。

【おすすめ問題集】

Ｊｒ・ウォッチャー５「回転・展開」

問題20　分野：常識（理科）

〈解答〉　①左端　②右端　③右から２番目

知識の有無のみが問われる直球の理科常識の問題になります。知らなければ答えることができないので、こうした問題は覚えるしかないというのが正直なところです。ただし、機械的に名前と絵（写真）を暗記するのではなく、動物園や水族館、図鑑やWebなどを利用して生態などもあわせて覚えるようにすると学習の幅が広がっていきます。理想を言えば、どんな大きさなのか、どんなところに住んでいるのか、どんな鳴き声なのかを実際に感じてもらいたいところですが、現実的には難しいので、できるだけそれに近い状況を作ってあげられるとよいでしょう。

【おすすめ問題集】

Ｊｒ・ウォッチャー27「理科」、55「理科②」

問題21　分野：常識（日常生活）

〈解答〉　右から２番目（おじいさん）

「何で座っているの？」でも間違いとは言えないと思いますが、ペーパーテストということを考えると、上記が正解になります。もし本問が口頭試問だったとしたら、解答だけでなく、なぜそう考えたのかというところまで採点に含まれます。「〇〇という理由でこう答えました」という説明ができるのです。ですが、ペーパーテストの場合は解答がすべてです。相手をいたわる気持ちがあったとしても、「何で座っているの？」という言葉だけでは充分に伝わらないでしょう。考え方として間違ってはいないかもしれませんが、ペーパーテストとしては不正解と判断されてしまうので、選択肢の中でより正しい答えを選ぶようにしてください。

【おすすめ問題集】

Ｊｒ・ウォッチャー12「日常生活」

問題22　分野：記憶（聞く記憶）

〈解答〉　下図参照

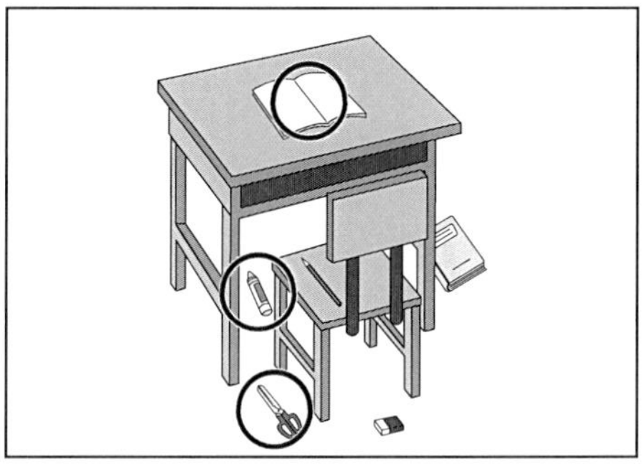

指示を理解し、指示通りの行動をするという小学校受験の基本が問われています。行動観察などで行われる指示行動のペーパーテスト版といった感じでしょうか。記憶の問題としていますが、話（問題）をしっかり聞くことができていれば、確実に正解できる問題です。３つの指示を覚えられるかどうかがポイントになるでしょう。対策は生活の中で充分にできます。食事の際などに、〇〇と××と□□を持ってきてといったお手伝いをすることで、複数の指示をまとめて覚える練習になります。難しいようなら数を減らし、簡単にできるようなら数や指示を増やしていくとよいでしょう。

【おすすめ問題集】

Ｊｒ・ウォッチャー20「見る記憶・聴く記憶」

問題23　分野：運動

〈解答〉　省略

基本的な動作を集めた内容で、年齢相応の身体能力があれば、特に難しいものはありません。しっかりと指示を聞き、ふざけることなく集中して取り組みましょう。運動テストは、運動能力を測るというよりも、まじめに取り組んでいるか、指示通り行動できているか、失敗してもあきらめずに続けるかなど、お子さまの性格や態度を観る試験と言えます。また、待機中の態度や姿勢も観察されています。指示に従って待つことも試験だということをお子さまに理解させ、お友だちとおしゃべりをしたり、お友だちにちょっかいを出したりすることのないように注意してください。

【おすすめ問題集】

新運動テスト問題集、Ｊｒ・ウォッチャー28「運動」

問題24　分野：保護者面接

〈解 答〉　省略

面接官は３名で、面接時間は10分程度でした。当校では出願の際に作文が課されており（※問題25は試験時に実施される作文）、そこでは志望動機や教育理念への理解がテーマとなっています。この作文は、面接での回答内容と首尾一貫していることが大切です。面接では、お子さまのことをどの程度理解しているのか、どのような方針で教育、躾を行なっているのかを質問されます。学校と保護者が同じ価値観のもとで、お子さまを共に教育していくことは大切なことです。背伸びをしたり取り繕ったりした回答はかえって逆効果です。質問されたことに対して、正直にていねいに答えるのがよいでしょう。

【おすすめ問題集】
新 小学校受験の入試面接Ｑ＆Ａ、保護者のための面接最強マニュアル

問題25　分野：保護者作文

〈解 答〉　省略

試験当日、お子さまが試験を受けている間に、保護者作文の試験が行われます。１時間の試験を２度、30分の休憩をはさんで行われました。使用した原稿用紙と下書き用紙は、試験終了後に回収されます。この課題は、入学後のお子さまへの教育をいっしょに行っていく保護者の考えを知るために、開校以来行われているものです。このような作文では、「考えが首尾一貫していること」が大切です。600字程度の作文の場合、一貫した考えを組み立てるための「型」を持てるような練習をしましょう。基本的な型は、①意見（課題に対する答え）、②理由（なぜそう考えるのか）、③体験（考えを補強する具体的な生活体験）、④まとめ（ここまでのまとめとこれから）です。文章を４つに分けて考え、それぞれが①の考えと一致しているか、下書きの段階で確認します。学校の方針を過剰に意識したり、いわゆる「立派な意見」を書こうとして背伸びをしたりせずに、自分の意見を書くようにしましょう。

【おすすめ問題集】
新 願書・アンケート・作文 文例集500

洛南高等学校附属小学校　専用注文書

年　　月　　日

合格のための問題集ベスト・セレクション

＊入試頻出分野ベスト３

1st　推　理

思考力　観察力　聞く力

2nd　図　形

観察力　思考力

3rd　言　語

知　識　聞く力

問題がやさしくなってきているとはいえ、推理問題を中心に考えさせる問題が数多く出題されています。また、出題分野が幅広い上に問題数も多いので、集中力の持続も必要になってきます。

分野	書　名	価格(税込)	注文	分野	書　名	価格(税込)	注文
図形	Ｊｒ・ウォッチャー３「パズル」	1,650円	冊	数量	Ｊｒ・ウォッチャー39「たし算・ひき算２」	1,650円	冊
図形	Ｊｒ・ウォッチャー４「同図形探し」	1,650円	冊	図形	Ｊｒ・ウォッチャー45「図形分割」	1,650円	冊
図形	Ｊｒ・ウォッチャー５「回転・展開」	1,650円	冊	図形	Ｊｒ・ウォッチャー46「回転図形」	1,650円	冊
図形	Ｊｒ・ウォッチャー７「迷路」	1,650円	冊	推理	Ｊｒ・ウォッチャー47「座標の移動」	1,650円	冊
数量	Ｊｒ・ウォッチャー14「数える」	1,650円	冊	図形	Ｊｒ・ウォッチャー48「鏡図形」	1,650円	冊
推理	Ｊｒ・ウォッチャー15「比較」	1,650円	冊	巧緻性	Ｊｒ・ウォッチャー51「運筆①」	1,650円	冊
言語	Ｊｒ・ウォッチャー18「いろいろな言葉」	1,650円	冊	巧緻性	Ｊｒ・ウォッチャー52「運筆②」	1,650円	冊
記憶	Ｊｒ・ウォッチャー20「見る記憶・聴く記憶」	1,650円	冊	常識	Ｊｒ・ウォッチャー55「理科②」	1,650円	冊
常識	Ｊｒ・ウォッチャー27「理科」	1,650円	冊	推理	Ｊｒ・ウォッチャー58「比較②」	1,650円	冊
推理	Ｊｒ・ウォッチャー31「推理思考」	1,650円	冊	推理	Ｊｒ・ウォッチャー59「欠所補完」	1,650円	冊
推理	Ｊｒ・ウォッチャー32「ブラックボックス」	1,650円	冊		新 運動テスト問題集	2,420円	冊
推理	Ｊｒ・ウォッチャー33「シーソー」	1,650円	冊		お話の記憶問題集 中級編・上級編	2,200円	各　冊
図形	Ｊｒ・ウォッチャー35「重ね図形」	1,650円	冊		保護者のための入試面接最強マニュアル	2,200円	冊
数量	Ｊｒ・ウォッチャー38「たし算・ひき算１」	1,650円	冊		新 願書・アンケート・作文 文例集500	2,860円	冊

合計	冊	円

(フリガナ) 氏　名	電　話 ＦＡＸ E-mail
住 所　〒　　　－	以前にご注文されたことはございますか。 有　・　無

★お近くの書店、または記載の電話・FAX・ホームページにてご注文をお受けしております。
電話：03-5261-8951　FAX：03-5261-8953　代金は書籍合計金額＋送料がかかります。
※なお、落丁・乱丁以外の理由による商品の返品・交換には応じかねます。

★ご記入頂いた個人に関する情報は、当社にて厳重に管理致します。なお、ご購入の商品発送の他に、当社発行の書籍案内、書籍に関する調査に使用させて頂く場合がございますので、予めご了承ください。

日本学習図書株式会社
http://www.nichigaku.jp

〈立命館小学校〉

※問題を始める前に、本書冒頭の「本書ご使用方法」「本書ご使用にあたっての注意点」をご覧ください。
※本校の考査は鉛筆を使用します。間違えた場合は消しゴムで消し、正しい答えを書くよう指導してください。

保護者の方は、別紙の「家庭学習ガイド」「合格ためのアドバイス」を先にお読みください。
当校の対策および学習を進めていく上で役立つ内容です。ぜひご覧ください。

2021年度の最新問題

問題26　分野：常識（季節、理科）

〈準　備〉　鉛筆、消しゴム

〈問　題〉　**問題26-1の絵は縦に使用してください。**
（問題26-1の絵を渡す）
同じ季節の絵を選んで線で結んでください。
（問題26-2の絵を渡す）
1番左の四角の中の食べものは、何からできているでしょうか。選んで○をつけてください。

〈時　間〉　①1分　②～⑤1分

問題27　分野：常識（日常生活）

〈準　備〉　鉛筆、消しゴム

〈問　題〉　①タロウくんは1人で絵を描いていました。するとハナコさんが「ここも塗った方がいいよ」と言って勝手に色を塗ってしまいました。タロウくんは嫌な感じがしました。
その時、タロウくんはどんな顔をしていたと思いますか。選んで○をつけてください。
②ハナコさんは筆箱を忘れて困っていました。するとハルトくんが「僕の鉛筆を貸してあげるよ」と言いました。ハナコさんはとってもうれしく思い、「ありがとう」と言いました。
その時、ハナコさんどんな顔をしていたと思いますか。選んで○をつけてください。
③クマさんとキツネさんとネズミさんがバスに乗りました。バスの中では、お友だちのサルさんが席の取り合いをしていました。
クマさんは、「僕もいっしょに座りたいな」と言いました。
キツネさんは、「僕には関係ないや」と言いました。
ネズミさんは、「ほかの人の迷惑になるからやめなよ」と言いました。
みんなのためになったのはどの動物でしょうか。選んで○をつけてください。

〈時　間〉　各20秒

問題28　分野：常識（日常生活）

〈準備〉　鉛筆、消しゴム

〈問題〉　絵の中で片付けなければいけないものはどれでしょうか。選んで○をつけてください。

〈時間〉　30秒

問題29　分野：言語（しりとり、言葉の音）

〈準備〉　鉛筆、消しゴム

〈問題〉　（問題29－1の絵を渡す）
①②しりとりでつながるものには右上の四角に○を書いてください。つながらないものには×を書いてください。
③④左の四角の中の絵のはじめの音を合わせてできるものはどれでしょうか。選んで○をつけてください。
（問題29－2の絵を渡す）
⑤真ん中に「く」がつくものはどれでしょうか。選んで○をつけてください。

〈時間〉　①②30秒　③④1分　⑤1分

問題30　分野：お話の記憶

〈準備〉　鉛筆、消しゴム

〈問題〉　お話を聞いて、後の質問に答えてください。

今日、ハナコさんはユウトくんは遊ぶ約束をしています。ハナコさんが出かける時、お母さんに「マスクとハンカチを持っていきなさい」と言われました。公園に着くと2人はシーソーで遊びました。夕方、お母さんが水筒を持って迎えに来てくれました。帰る時にハナコさんはユウトくんに「明日はお家でゲームしようね」と言いました。

（問題30の絵を渡す）
①お母さんは何を持っていきなさいと言ったでしょうか。選んで○をつけてください。
②2人は公園で何をして遊んだでしょうか。選んで○をつけてください。
③お母さんは公園に何を持って来たでしょうか。選んで○をつけてください。
④明日はユウトくんと何をして遊ぶでしょうか。選んで○をつけてください。

〈時間〉　各10秒

問題31　分野：数量（たし算・ひき算、数える）

〈準備〉　鉛筆、消しゴム

〈問題〉　①クッキーが10個ありました。お父さんが４個、お母さんが３個食べました。クッキーは何個残っているでしょうか。その数の分だけ四角の中に○を書いてください。
②積み木はいくつあるでしょうか。その数の分だけ四角の中に○を書いてください。

〈時間〉　各20秒

問題32　分野：図形（図形の構成、回転図形）

〈準備〉　鉛筆、消しゴム

〈問題〉　①②左の四角を矢印の方向に１回まわすとどんな形になるでしょうか。右の四角に印を書いてください。
③上の段の四角を見てください。左の４つの形を組み合わせると右の形になります。下の段の１番左の四角の中の３つの形を組み合わせるとどんな形になるでしょうか。選んで○をつけてください。

〈時間〉　①②１分　③30秒

問題33　分野：図形（四方からの観察、同図形探し）

〈準備〉　鉛筆、消しゴム

〈問題〉　①②１番左の四角の中の積み木をいろいろな方向から見た時に正しくない形はどれでしょうか。選んで○をつけてください。
③１番左の四角の中の形と同じ形を２つ探して○をつけてください。

〈時間〉　①②１分　③30秒

問題34　分野：推理（ブラックボックス）

〈準備〉　鉛筆、消しゴム

〈問題〉　（問題34－１の絵を渡す）
１番上の段を見てください。リスが☆の箱を通ると１匹増えます。△の箱を通ると１匹減ります。
①～④並んでいる箱を通るとリスは何匹になるでしょうか。その数の分だけ四角の中に○を書いてください。
（問題34－２の絵を渡す）
⑤どの箱を通るとリスは２匹から４匹に増えるでしょうか。選んで左の四角の中に○を書いてください。

〈時間〉　①～④１分30秒　⑤30秒

問題35　分野：推理（迷路）

〈準備〉　鉛筆、消しゴム

〈問題〉　リスがドングリのところまで行くためにはどの道を通ればよいでしょうか。正しい道に線を引いてください。ただし、動物がいる道は通れません。

〈時間〉　１分30秒

問題36　分野：制作

〈準備〉　画用紙２枚（１枚は葉っぱの絵を描いておく）、クーピーペン（12色）、ハサミ、スティックのり

〈問題〉　**この問題は絵を参考にしてください。**

①葉っぱに自分の顔を描いて、好きな色で塗ってください。
②葉っぱの外側の太い線をハサミで切ってください。
③切った葉っぱをのりで画用紙に貼ってください。机にのりがつかないように気を付けましょう。

〈時間〉　10分程度

問題37　分野：行動観察

〈準備〉　①なし　②小さなフープ、バトン

〈問題〉　**問題37①の絵はありません。**
問題37②は絵を参考にしてください。

①先生が見本を見せるので、覚えて真似をしてください。
・足踏みをしてください
・足踏みをしながら手を叩いてください
・手を２回叩いてバンザイのポーズをしてください
・手を２回叩いて好きなポーズをしてください

②バトンリレーをします。バトンを使って、フープを落とさないようにみんなで回してください。「やめ」の合図があるまで続けてください。

〈時間〉　適宜

問題38　分野：保護者・志願者面接

〈準 備〉　なし

〈問 題〉　**この問題の絵はありません。**

面接の前に志願者のみ別室に移動して、「夏休みの楽しい思い出」とうテーマで絵を描く（Ａ４サイズの紙／鉛筆／10分程度）。描き終わった後、絵について質問される。その後、面接会場に移動。そこでも絵についての質問がある。

【保護者へ】
・どうしてこの学校を選んだのですか。
・それぞれ自己紹介をしてください。
・夏休みにお子さんとしたことで印象に残っていることはどんなことですか。
・12年間一貫教育についてどのようにお考えですか。
・本校の教育方針の中で、ご家庭の教育方針と重なるところはどこですか。また、それをどのように実施していますか。具体的にお聞かせください。
・ご家庭ではどんな遊びをしていますか。
・子育てで重視しているのはどんなことですか。
・お子さまとの関係で気を付けていることは何ですか。
・本校に期待するのはどんなことですか。
・本校に合格されなかった場合どうされますか（私立他校、公立）。
・お子さまは幼稚園（保育園）でどう過ごしていますか。わかる範囲でお答えください。
・お子さまの将来をどのように考えていますか。

【志願者へ】
・幼稚園（保育園）の名前を教えてください。
・どんなお手伝いをしていますか。その中で何が得意ですか。
・幼稚園（保育園）で何をして遊ぶのが好きですか。
・小学校に入ったら何がしたいですか。
・お母さん（お父さん）とどんな遊びをしますか。
・お父さんについて聞きます。どんな時にお父さんに叱られますか。
・お母さんについて聞きます。お母さんの料理で何が１番好きですか。
・好きな食べものと嫌いな食べものを教えてください。
・（兄弟姉妹がいる場合）名前と年齢を教えてください。
・（兄弟姉妹がいる場合）何をして遊びますか。
・お友だちとケンカをしたり、仲良くできなかったりすることはありますか。

〈時 間〉　15分程度

問題２６－１

①

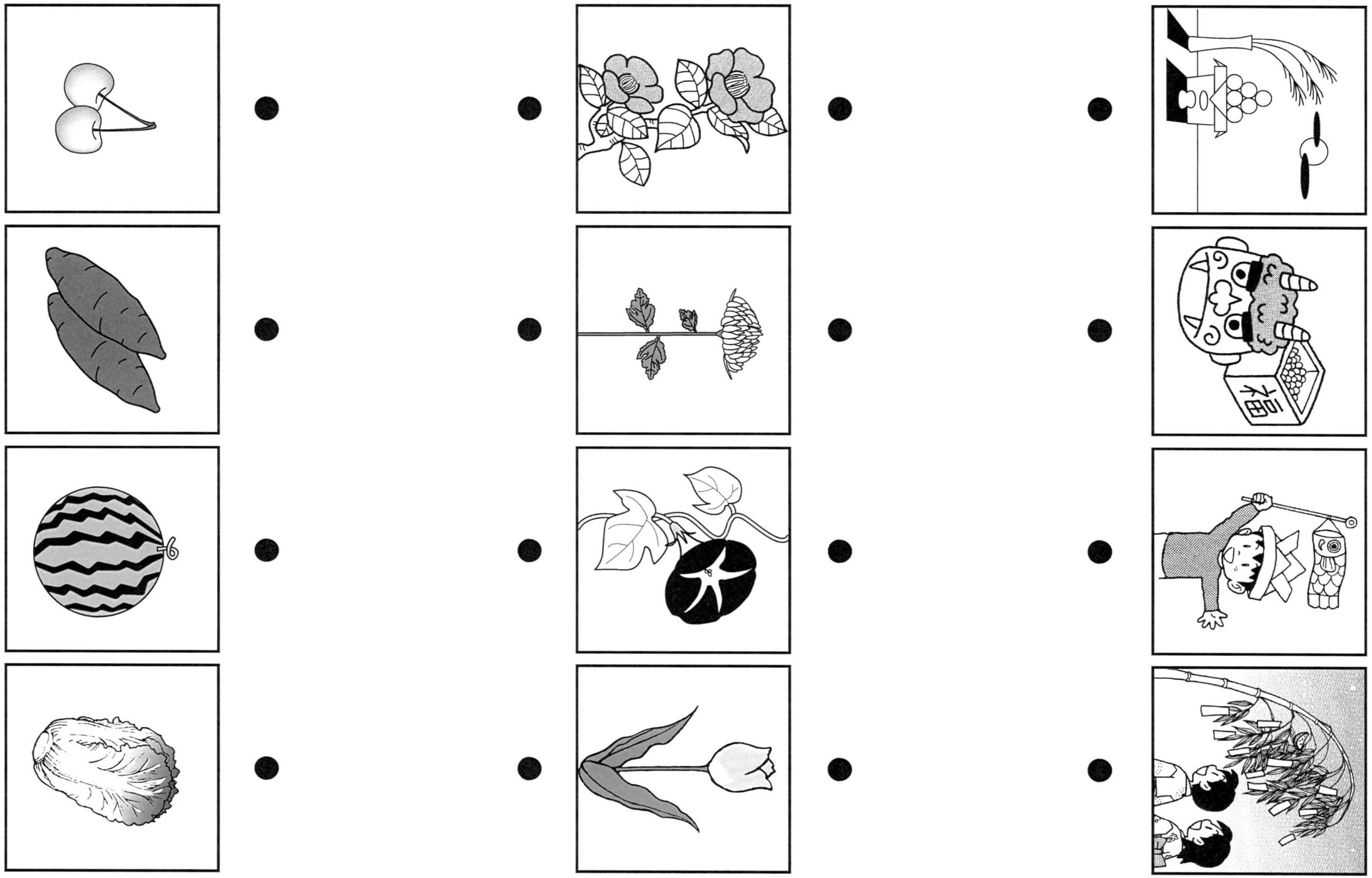

☆立命館小学校

問題２６－２

② 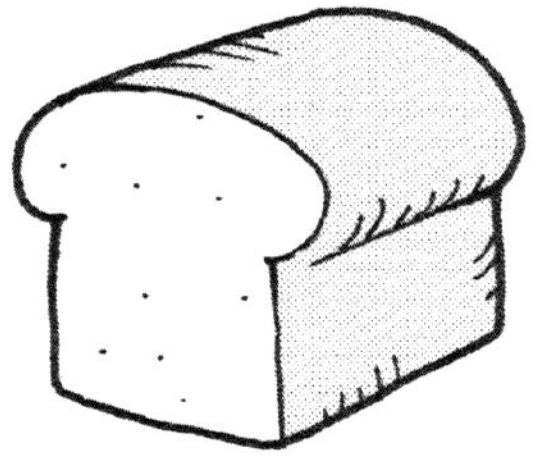	
③ 	
④ 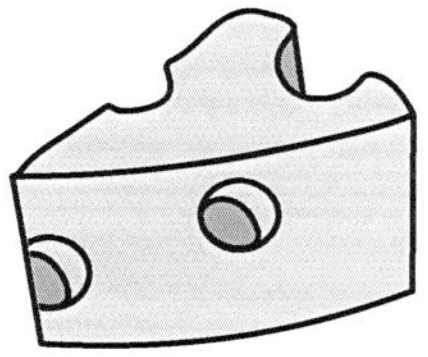	
⑤ 	

☆立命館小学校

2022 年度 洛南・立命館 過去 無断複製／転載を禁ずる 日本学習図書株式会社

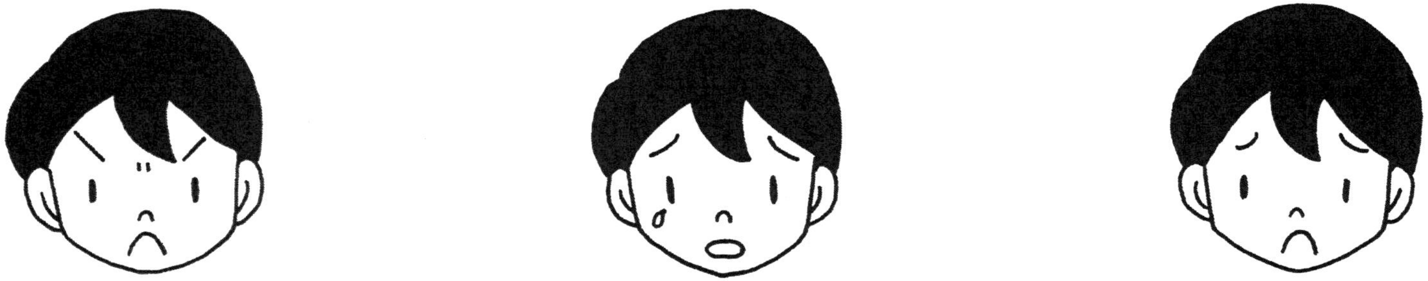

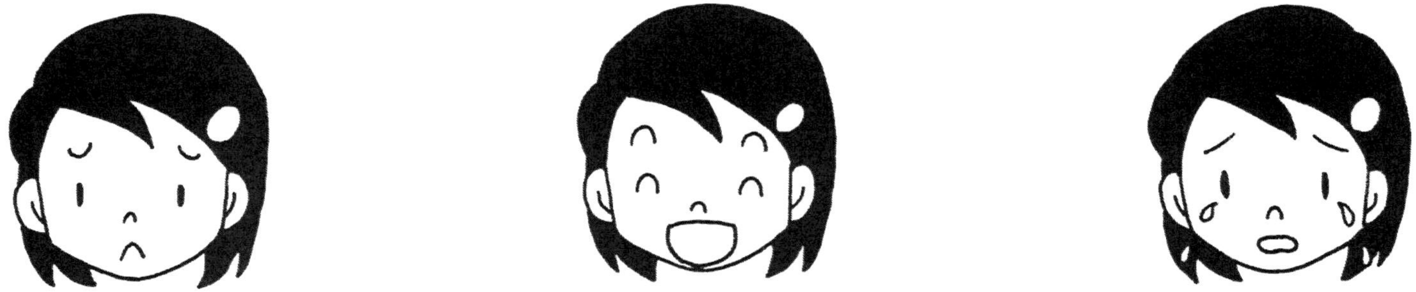

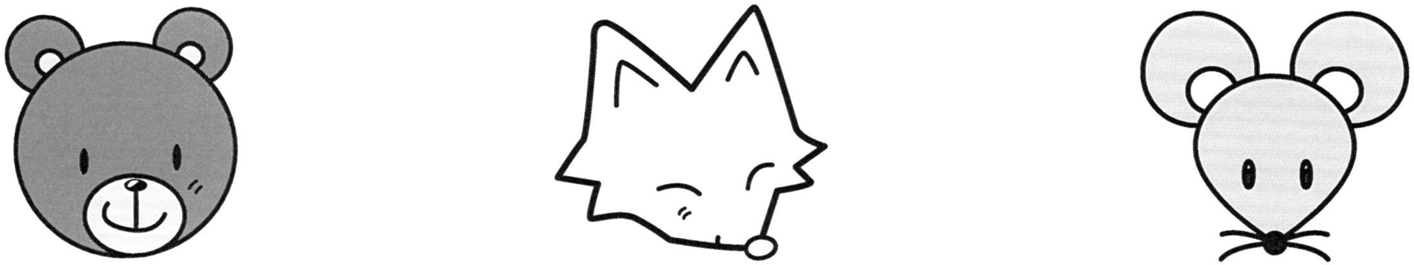

☆立命館小学校

問題２８

☆立命館小学校

問題２９－１

①

②

③

④

日本学習図書株式会社

⑤

2022 年度 洛南・立命館 過去 無断複製／転載を禁ずる

日本学習図書株式会社

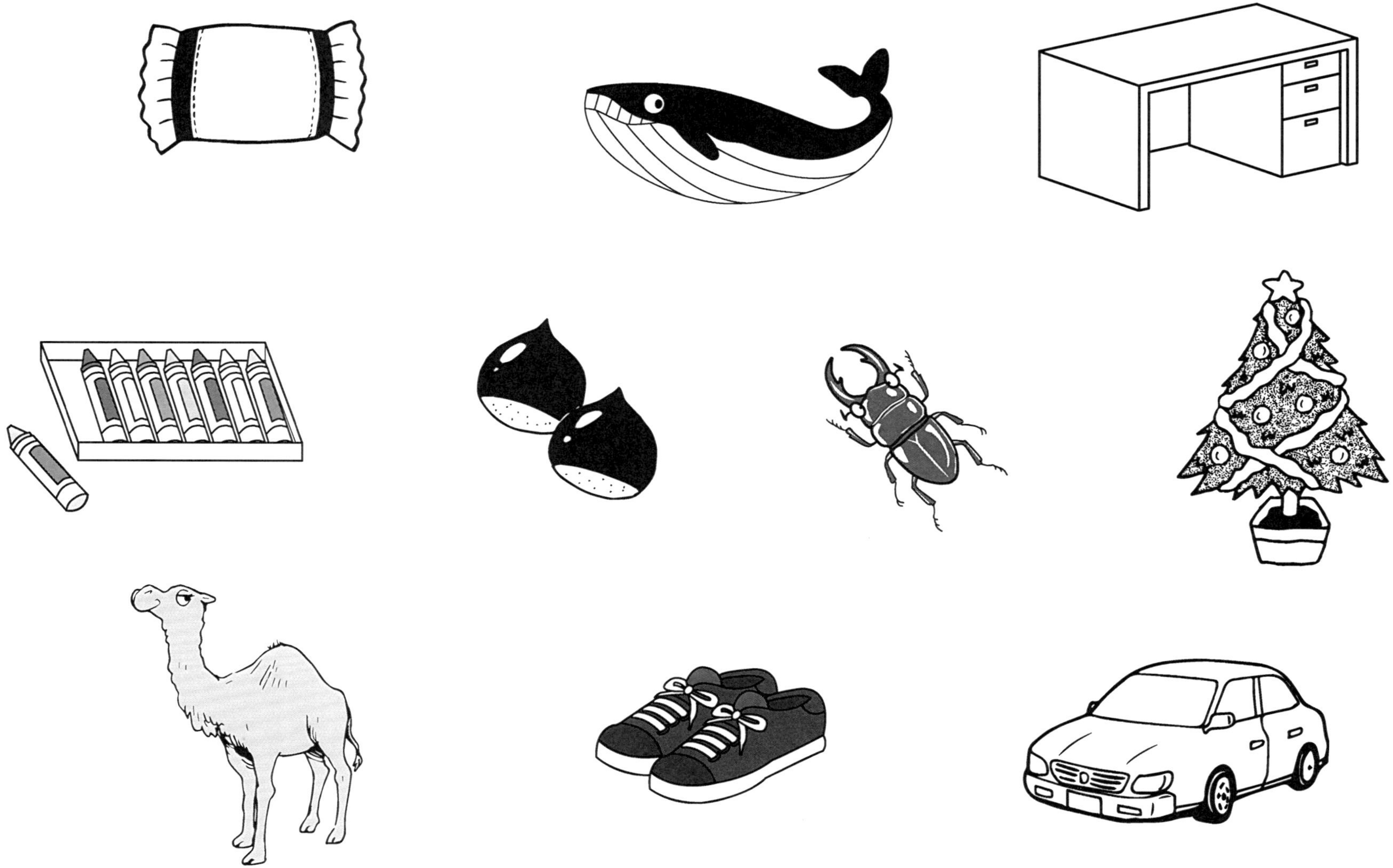

☆立命館小学校

問題３０

①

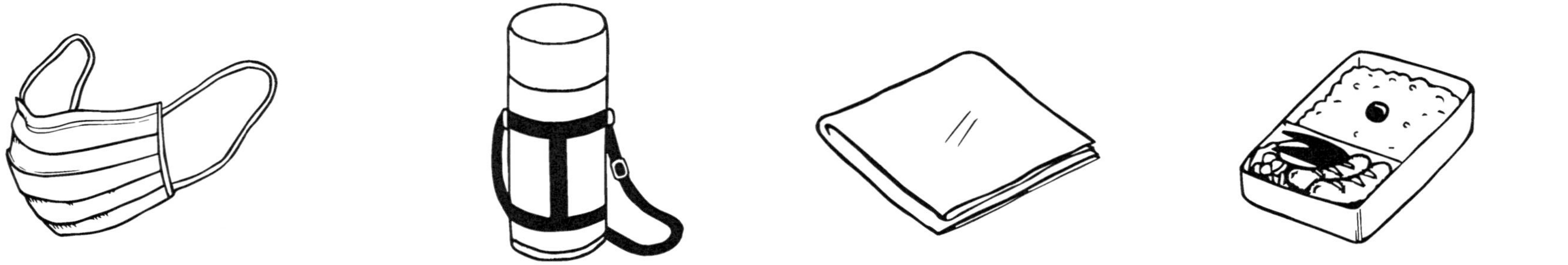

②

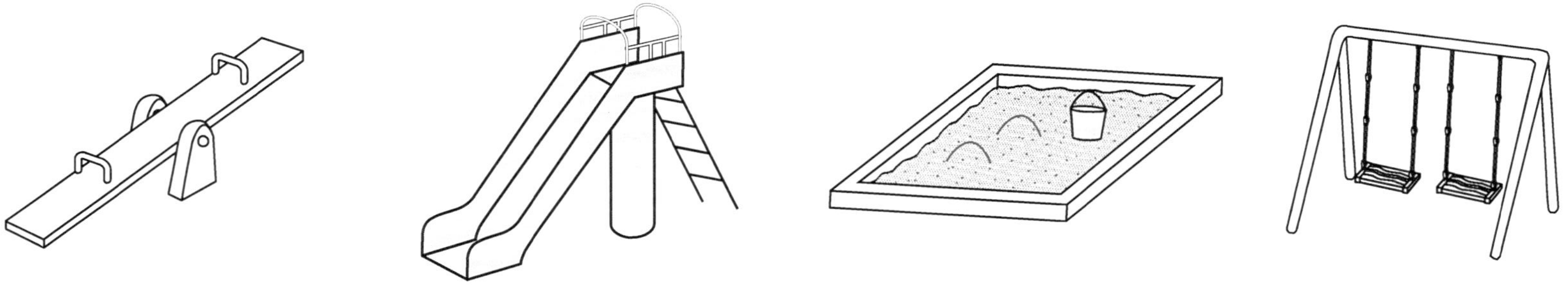

③

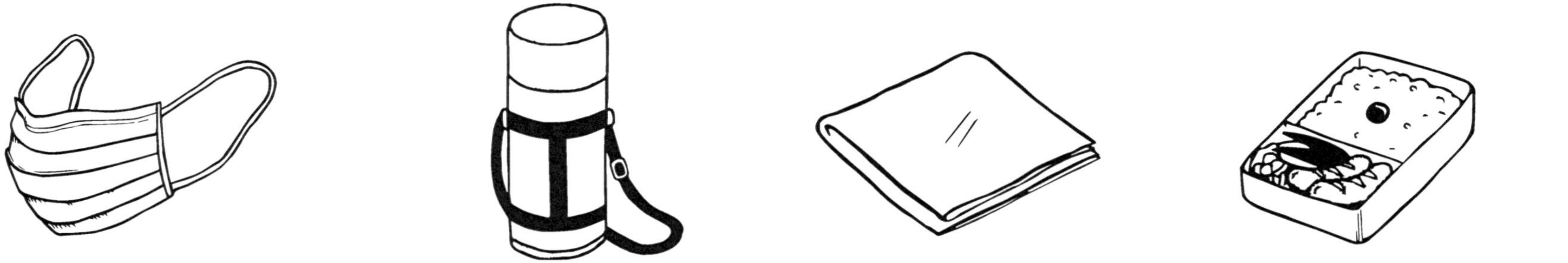

④

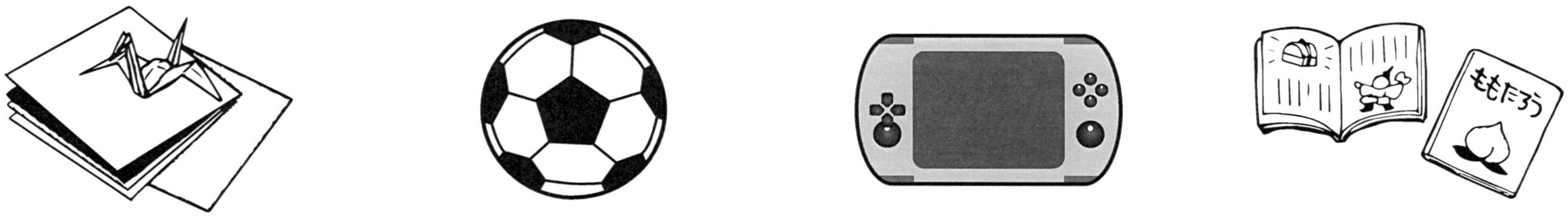

問題３１

①

②

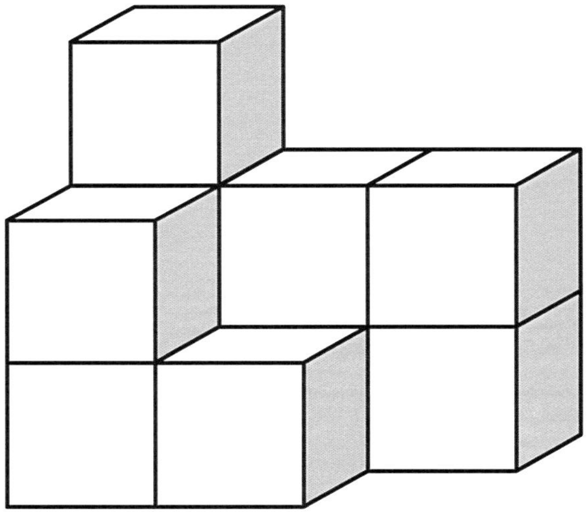

問題３２

①

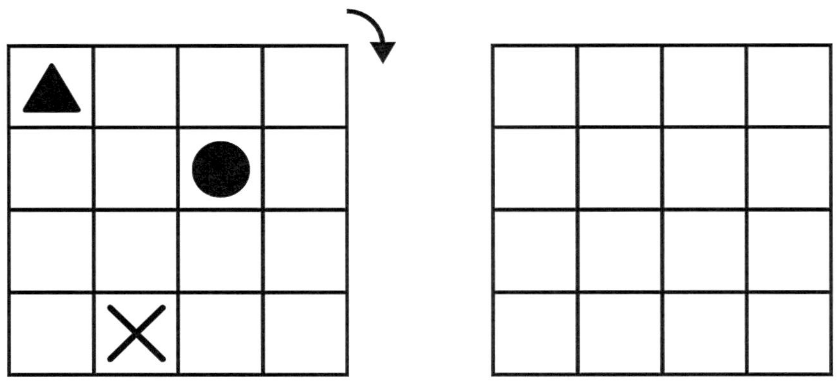

②

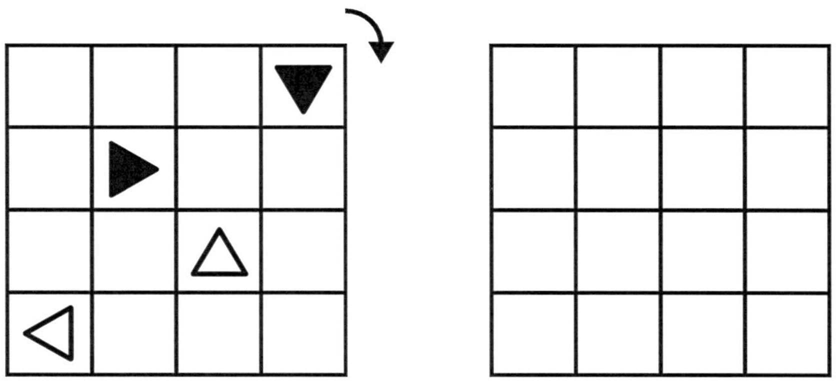

③

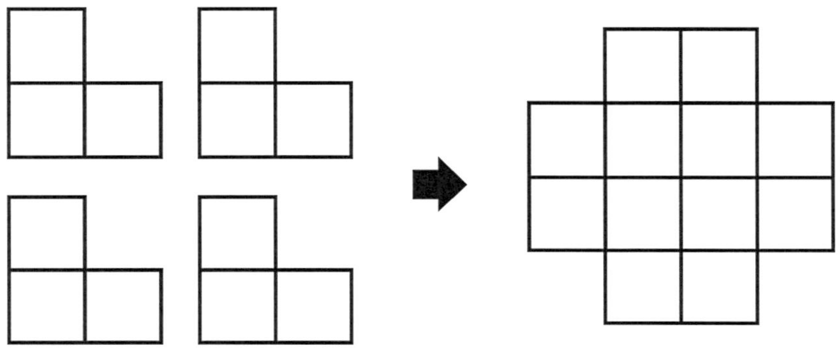

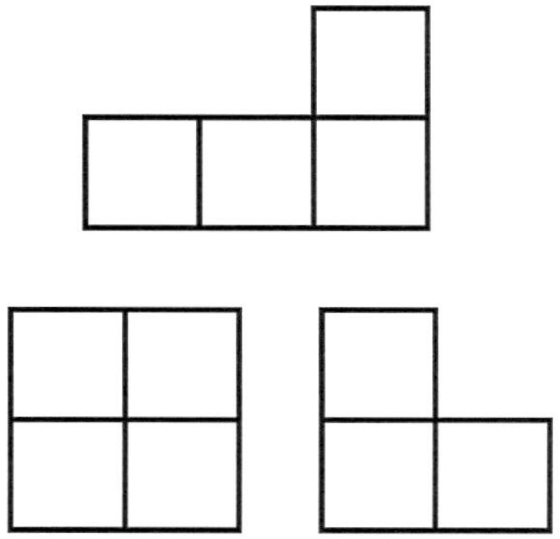

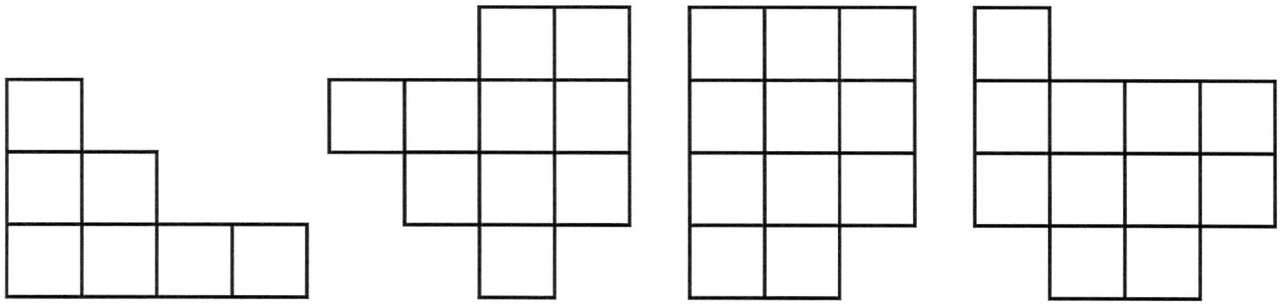

日本学習図書株式会社

問題３３

①

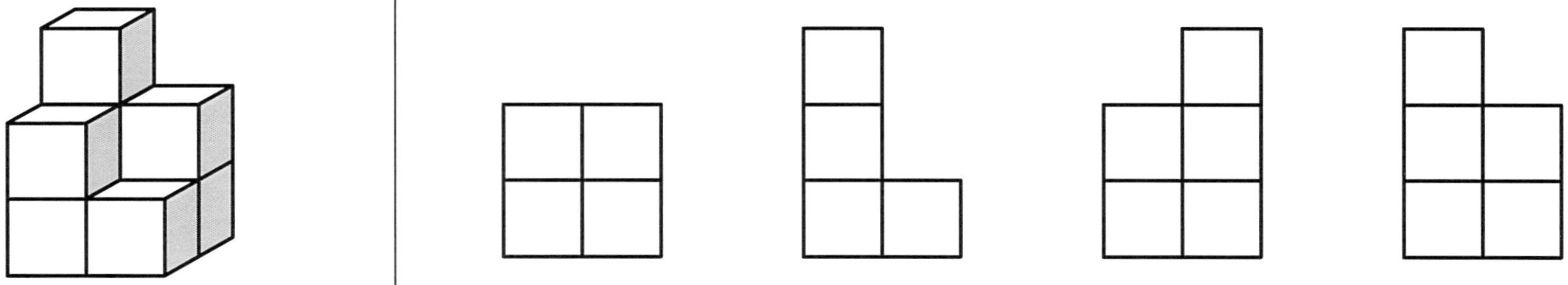

②

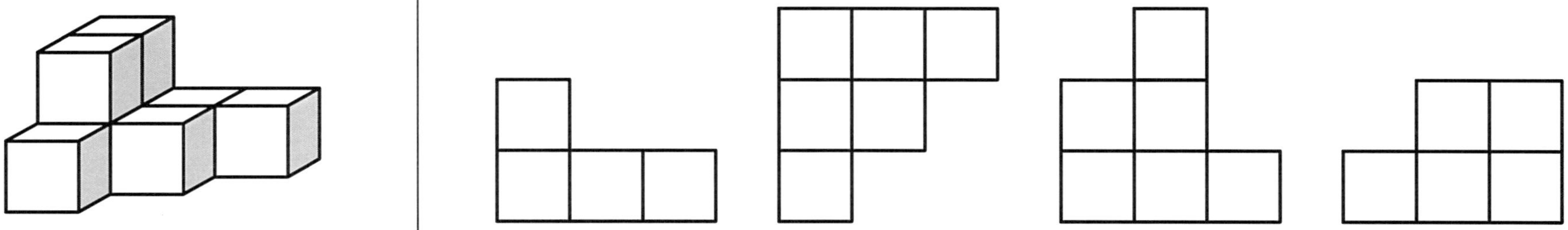

③

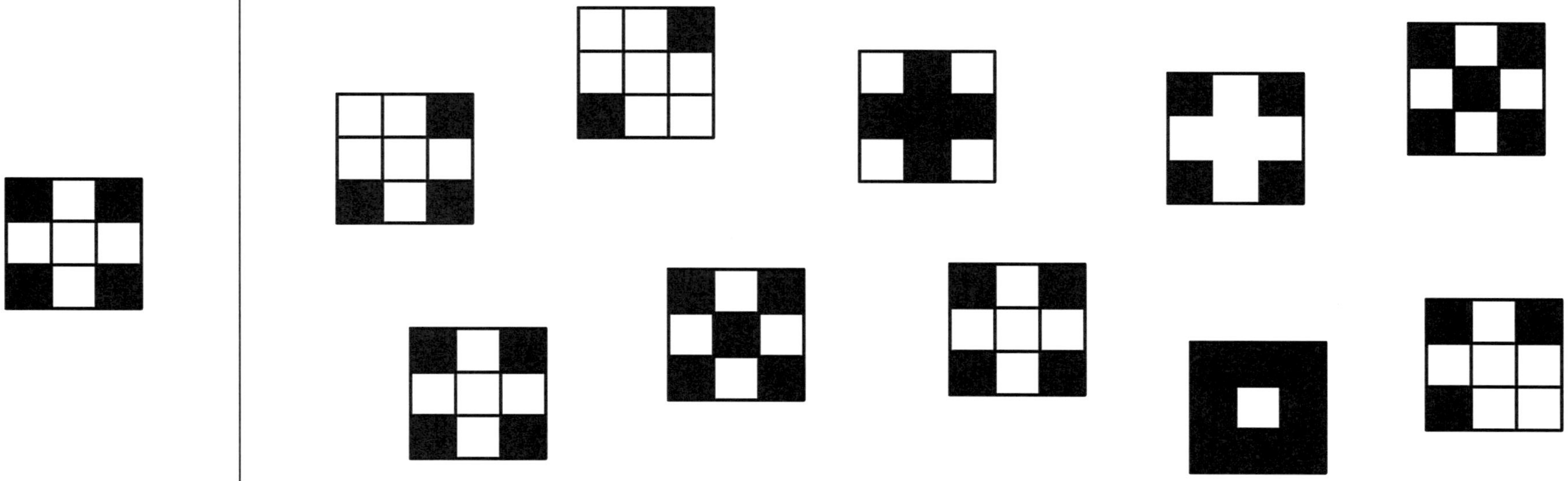

☆立命館小学校

問題34－1

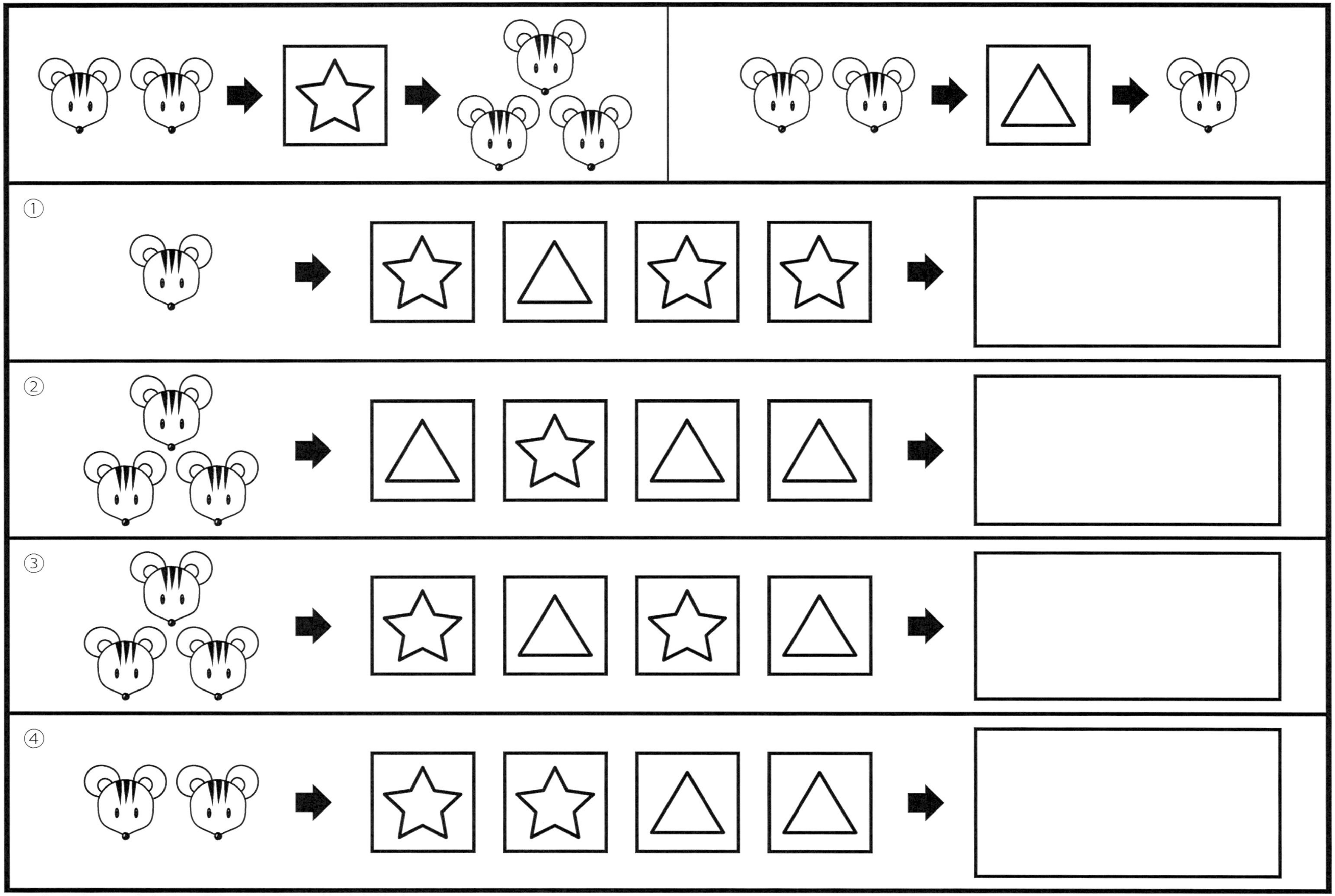

⑤

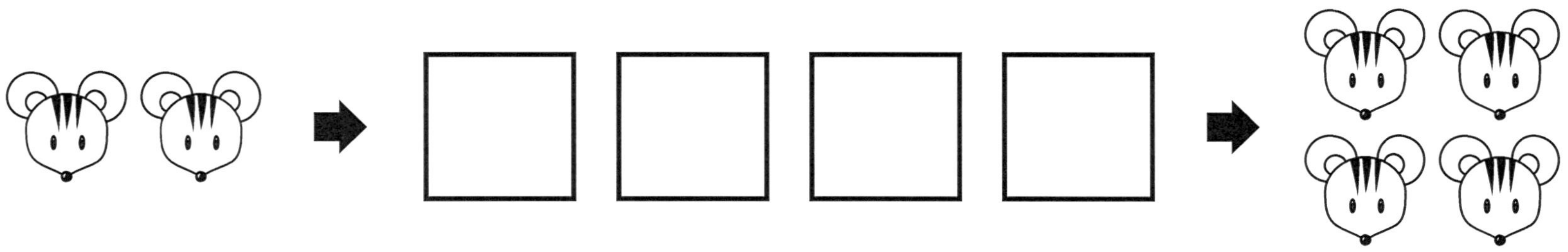

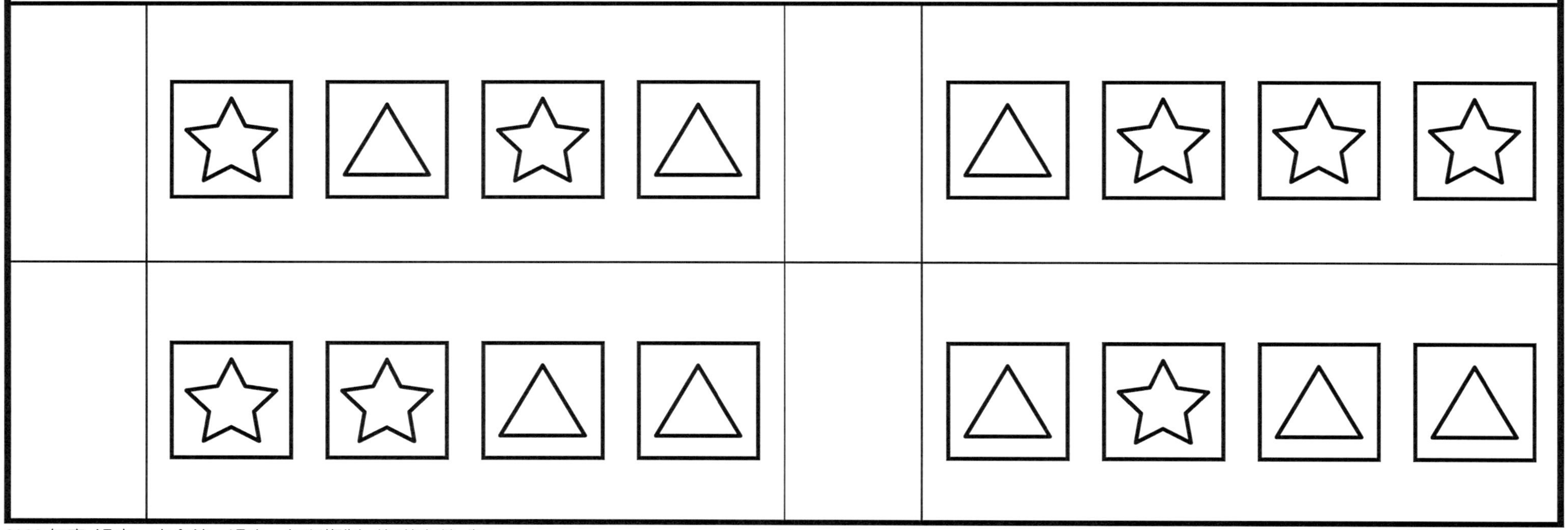

☆立命館小学校

問題３５

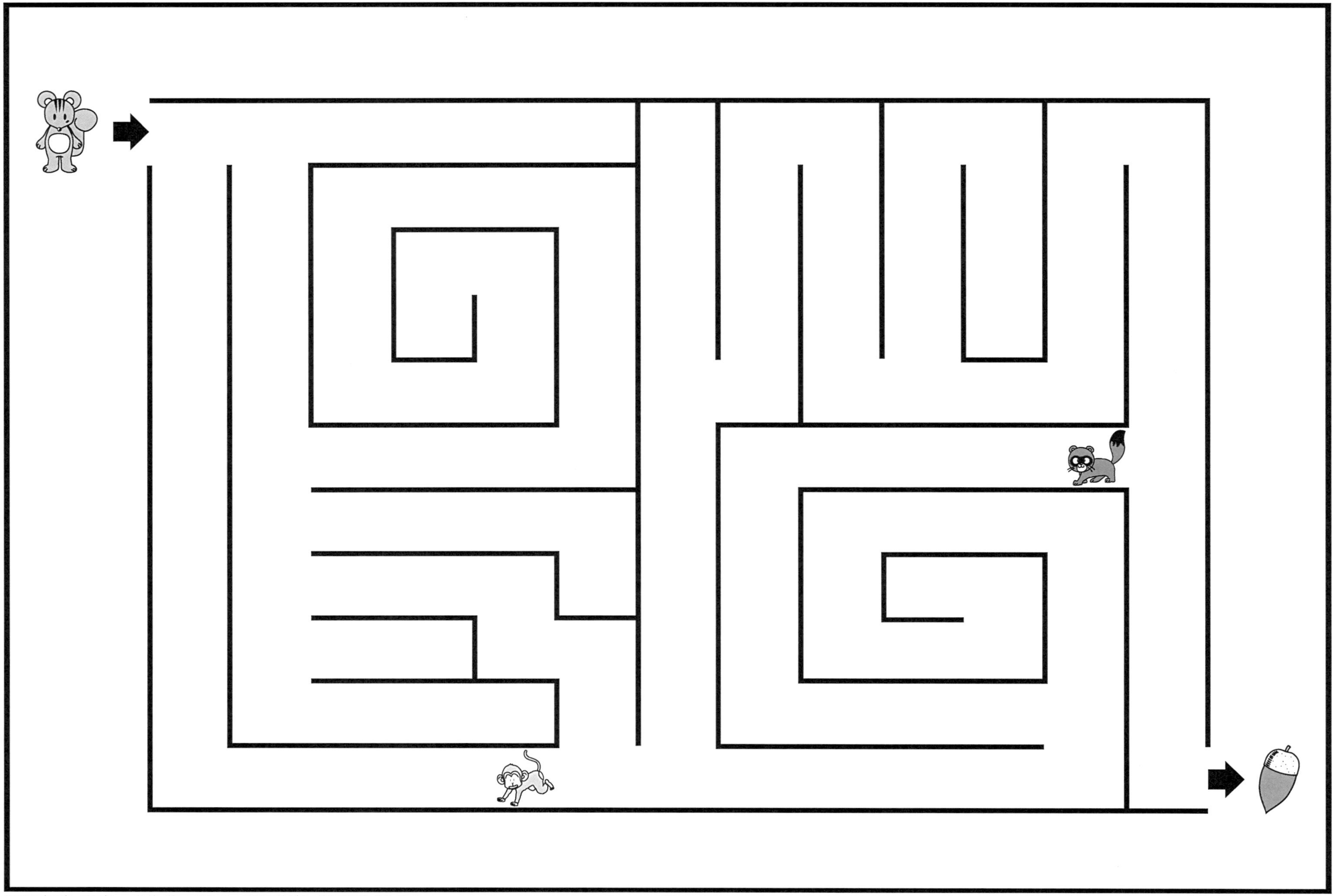

日本学習図書株式会社

問題３６

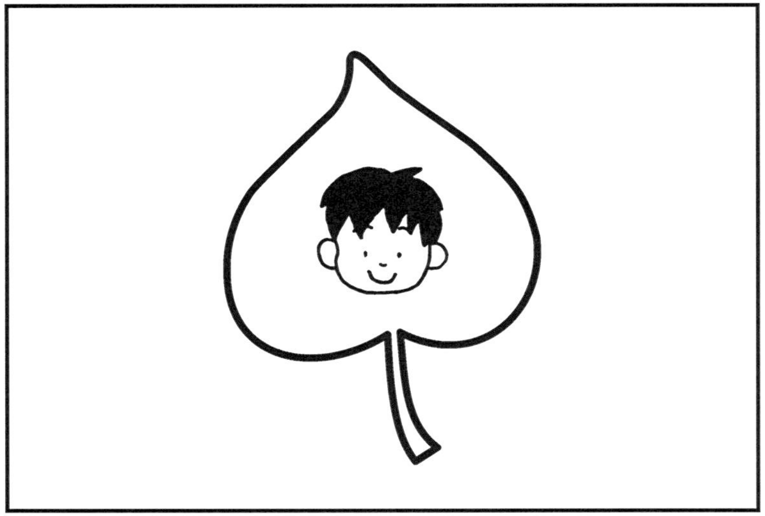

①葉っぱにクーピーで顔を描き、好きな色で塗る。

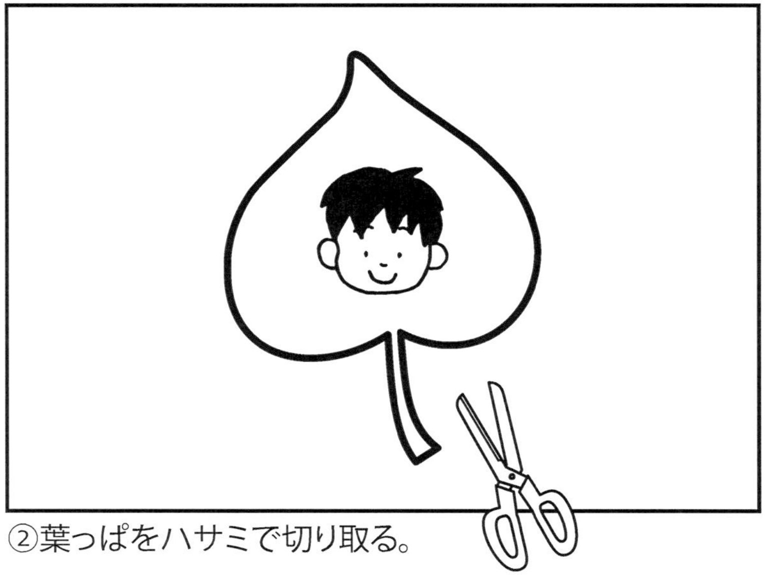

②葉っぱをハサミで切り取る。

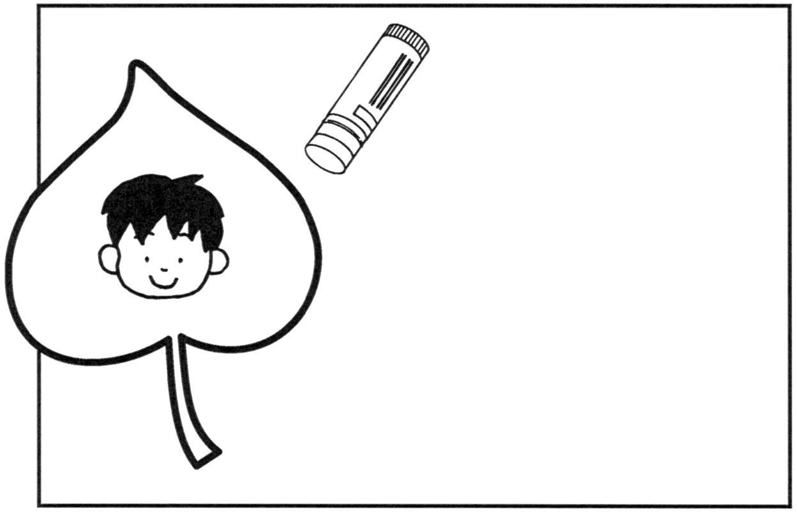

③切り取った葉っぱをもう１枚の画用紙に貼る。

問題３７

②

2021年度入試
解答例・学習アドバイス

解答例では、制作・巧緻性・行動観察・運動といった分野の問題の答えは省略されています。こうした問題では、各問のアドバイスを参照し、保護者の方がお子さまの答えを判断してください。

問題26　分野：常識（季節、理科）

〈解 答〉　下図参照

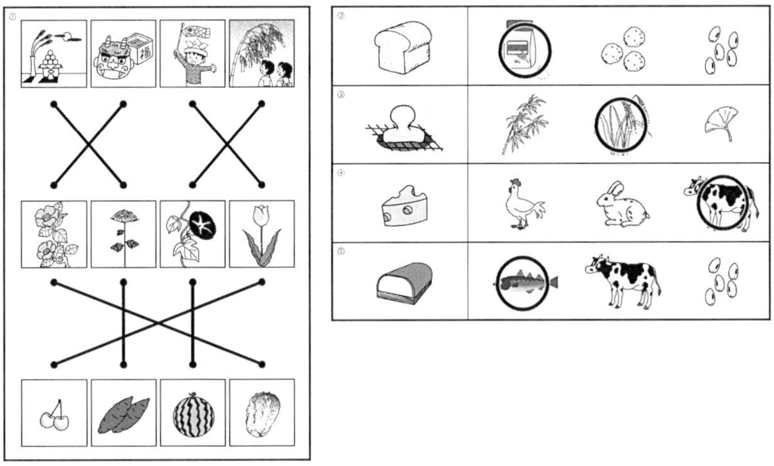

季節の問題は、当校では例年出題されているので、対策は必須です。行事、植物、野菜・くだものなど幅広く問われますが、受験のための知識ではなく、経験を通した知識として覚えていくことが大切です。ペーパー学習に偏らないように気を付けてください。食べものの原材料を問う問題は、近畿圏の小学校では時折見られるので、しっかりおさえておきましょう。とは言ってもペーパー学習として行うのではなく、生活の中で覚えていくことをおすすめします。買い物や料理をする時などにお子さまに質問すれば、実物を見ながら覚えることができるので理解しやすくなります。

【おすすめ問題集】
　Ｊｒ・ウォッチャー27「理科」、34「季節」、55「理科②」

問題27　分野：常識（日常生活）

〈解答〉　①右　②真ん中　③右

本問ではこれまでにどんな体験をしてきたのかが観られています。そうした経験の中で、「相手の嫌がることはしない」「相手が困っていたら助けてあげる」といったことを学んでいきます。つまり、こうした常識問題はペーパー学習で学ぶものではないということです。お友だちとの関係や保護者の方の躾を通して、お子さまは「常識」を学んでいきます。保護者の方は、そうした経験をより多く積めるような環境を整えてあげることが大切です。小学校受験は、生活体験の延長線上にあるということを意識しながら学習を進めていくようにしてください。

【おすすめ問題集】

Ｊｒ・ウォッチャー12「日常生活」、56「マナーとルール」

問題28　分野：常識（日常生活）

〈解答〉　下図参照

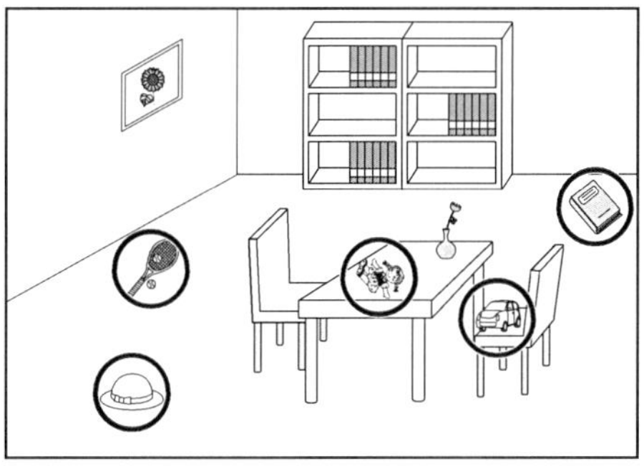

いつも部屋が散らかっていたり、お子さまが自分で片付けをしたことがなければ、本問を難しく感じてしまうかもしれません。ここでも保護者の方の躾が観られています。こうした問題はペーパーで行うより、ご家庭で本問を再現してみた方が理解しやすいでしょう。片付けの問題はペーパーではなく行動観察として出題されることが多く、試験で実際に片付けをすることもあります。その際に細かな指示をされることもありますが、「箱の中にきちんとしまってください」といった形で、どこに何をしまうのかをお子さま自身で考えなければいけないこともあります。こうした日常生活の一部も小学校受験で問われているのです。

【おすすめ問題集】

Ｊｒ・ウォッチャー12「日常生活」

問題29　分野：言語（しりとり、言葉の音）

〈解答〉　下図参照

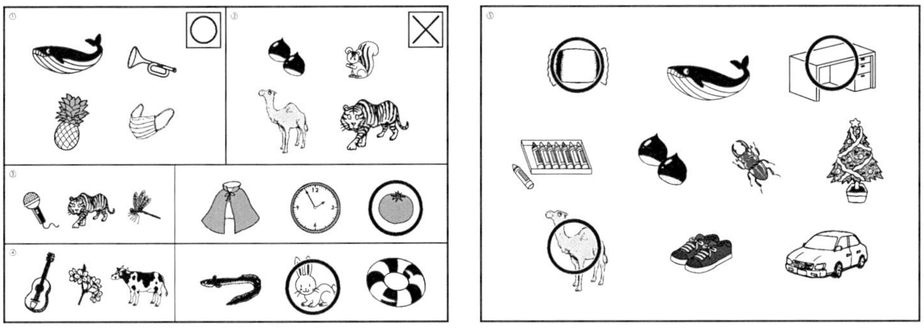

本文に共通しているのは、言葉を音としてとらえることができているかどうかということです。①②は言葉の終わりの音とはじめの音をつなげる、③④は言葉のはじめの音をつなげて言葉を作る、⑤は言葉の真ん中にある音を探すといった形です。小学校受験の言語問題では、言葉の音に関しての出題が中心になるので、言葉はいくつかの音からできているということをお子さまに意識させるようにしてください。日常生活の中でも１音１音はっきり言うことで、理解しやすくなると思います。特にお子さまの知らない言葉を伝える時には、より気を付けて話すように心がけてください。

【おすすめ問題集】

Ｊｒ・ウォッチャー17「言葉の音遊び」、18「いろいろな言葉」、
49「しりとり」、60「言葉の音（おん）」

問題30　分野：お話の記憶

〈解答〉　①左端（マスク）、右から２番目（ハンカチ）　②左端（シーソー）
③左から２番目（水筒）　④右から２番目（ゲーム）

お話が短く、質問もお話に出てくるものだけなので、お話の記憶の基礎の基礎と言える問題です。読み聞かせなどを通じて、お話を聞く習慣が身に付いていれば、特別な対策をしなくても特ことができるでしょう。ただ、簡単な問題は誰にとっても簡単な問題です。本問がすべてできたからと言って、あまり合否には影響しないでしょう（ほとんどのお子さまが正解していると考えられるので）。逆にできなかったとしたら、大きなマイナスになりかねません。このように、確実に正解しなければいけない問題があります。そうしたところを保護者の方がしっかり見極められるようにしてください。

【おすすめ問題集】

１話５分の読み聞かせお話集①・②、お話の記憶問題集 初級編・中級編、
Ｊｒ・ウォッチャー19「お話の記憶」

問題31　分野：数量（たし算・ひき算、数える）

〈解答〉　①○：3　②○：10

実際の入試の時には即答できるようになっていたいものです。そのためには、ペーパーを数多くこなすのではなく、「もの」を使った学習を通して、数や図形の感覚をつかめるようにしてください。感覚と言っても、持って生まれたセンスのようなものではなく、経験を通して得られるものです。まずは、おはじきや積み木などを使って本問を再現してみてください。ペーパー上で行うのではなく、①であれば10個のおはじきから４個と３個を取り除く、②であれば問題と同じように積み木を積んで数えてみるのです。「もの」を使うことでさまざまな問題を作ることもできるので、多くの経験を積むことができます。実際に見て動かして感じることで得られる経験が、数量や図形の感覚につながっていくのです。

【おすすめ問題集】

Ｊｒ・ウォッチャー14「数える」、38「たし算・ひき算１」、
39「たし算・ひき算２」

問題32　分野：図形（回転図形、図形の構成）

〈解答〉　下図参照

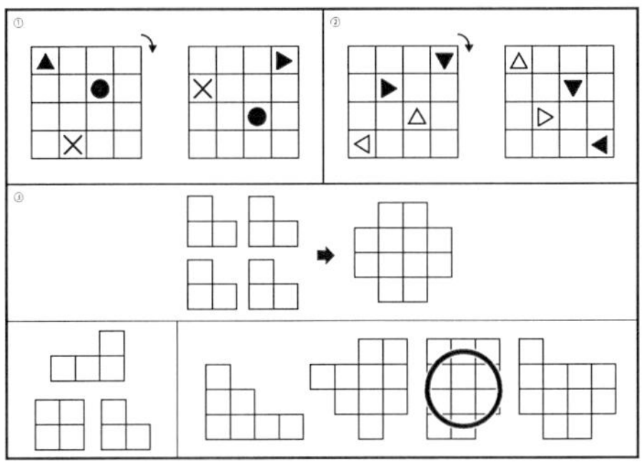

小学校受験の図形問題では、形を動かすことができるかどうかがポイントになります。①では回転させる、②では組み立てる（構成する）ということです。入試ではこうしたことを頭の中で行わなければいけません。ただ、はじめから頭の中で形を動かすことは、お子さまにとって難しい作業になります。ですが、紙を動かすことは難しくはありません。①では解答用紙をまわせば答えは見つかります。②でも左の３つの形を切り取って選択肢に当てはめていけば答えは見つかります。実際に手を動かし目で見ることの繰り返しがペーパー学習の土台となるので、「もの」を使って実際に体験するということをおろそかにしないようにしてください。

【おすすめ問題集】

Ｊｒ・ウォッチャー46「回転図形」、54「図形の構成」

問題33　分野：図形（四方からの観察、同図形探し）

〈解　答〉　下図参照

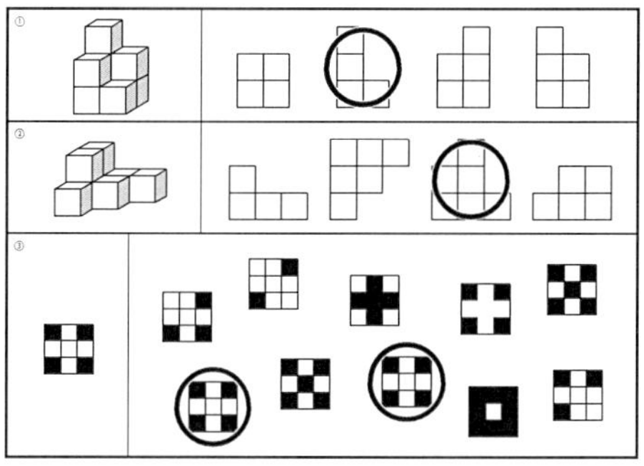

どちらの問題も求められる力は観察力なのですが、四方からの観察の場合、違った視点から見た形を想像する力も求められます。①②では「正しくない形」を選ばなければいけません。他者からの視点で見て、しかも正しくない（見えない）形を考えるというのは、保護者の方が考えている以上にお子さまにとっては難しい問題と言えるでしょう。まずは、正しいもの選び、消去法で正解を見つけていくというステップを踏むことをおすすめします。難しく感じた時は、いくつかのステップに分けることで、答えにたどり着きやすくなることがあります。保護者の方は、お子さまがどこでつまずいているのかを把握し、適切な声かけをしてあげられるようにしてください。

【おすすめ問題集】
Ｊｒ・ウォッチャー４「同図形探し」、53「四方からの観察　積み木編」

問題34　分野：推理（ブラックボックス）

〈解　答〉　①○：３　②○：１　③○：３　④○：２　⑤右上

「☆＝１匹増える」「△＝１匹減る」という、わかりやすい問題なので確実に解けるようにしておきましょう。はじめのうちはおはじきなどを使って、増える減るを目に見える形で解いていくと理解しやすくなります。また、増減をまとめてしまうという方法もあります。箱ごとに考えるのではなく、先にすべての箱をひとまとめにしてしまうのです。本問を数量の問題としてとらえると言ってもよいでしょう。例えば、①の箱を「＋１」「－１」「＋１」「＋１」ととらえ、まとめて「＋２」と考えれば、答えは３匹になります。このように問題の解き方は１つとは限らないので、保護者の方はお子さまのやりやすい方法をいっしょに考えてあげるようにしてください。

【おすすめ問題集】
Ｊｒ・ウォッチャー32「ブラックボックス」

問題35　分野：推理（迷路）

〈解答〉　下図参照

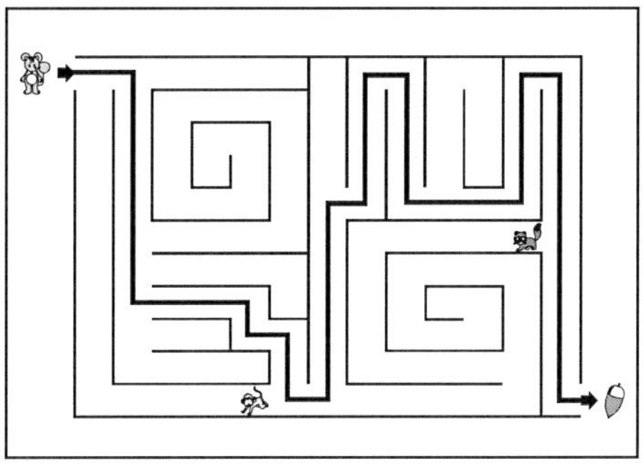

いきなり線を引き始めるのではなく、まずゴールまでの道筋を考えるようにしましょう。手を動かす前に頭を動かすということです。線の引き方を見ればお子さまがどう考えながら進んでいるのかがわかるのものです。迷いながら進んでいるのか、道筋が見えていてスムーズに進んでいるのか、しっかりと先を見据えている方がよいのは言うまでもないでしょう。迷いながらではどうしてもきれいな線にはなりません。また、迷路のテクニックとしてゴールからスタートに進んでいくという方法がありますが、小学校受験としてふさわしいとは言えませんし、反対に進んだことは採点者にもわかってしまうでしょう。

【おすすめ問題集】

Ｊｒ・ウォッチャー7「迷路」

問題36　分野：制作

〈解答〉　省略

巧緻性としても、指示行動としても難しい作業はありません。問題をよく聞いて、指示通りに進めていきましょう。制作の問題で制作物の出来が問われることはそれほど多くありません。制作物という結果よりも、指示を守っているか、道具をうまく使えているかなどの方がよく観られていると言ってもよいでしょう。それは、制作だけでなく、行動観察や口頭試問などのノンペーパーテスト全般に通じることです。ご家庭で課題を行う時も結果だけを見るのではなく、途中経過もしっかりと観ておくようにしてください。もちろん、作業が終わって片付けるところまで観られているので、お子さまには片付けまでが課題だということを伝えるようにしてください。

【おすすめ問題集】

実践 ゆびさきトレーニング①・②・③、Ｊｒ・ウォッチャー23「切る・貼る・塗る」

問題37　分野：行動観察

〈解答〉　省略

制作の問題でも触れましたが、行動観察も「指示を理解する」「指示通り行動する」ということが基本になります。そうした中でどれだけプラスの要素を見せることができるかが大切です。①でも、指示されたからやるのではなく、楽しみながらできれば、評価する側にもその気持ちは伝わります。②でも、相手が受け取りやすいように渡したり、落としてしまった時にフォローできたりすればよい評価になるでしょう。こうした、当たり前のことを当たり前にできるということが重要なポイントです。ペーパーテストの点がよかったのに、行動観察がダメで不合格になったという話はよく聞きます。そうした意味では、お子さまの学力だけでなく、そのすべてが観られるようになってきていると言えるでしょう。

【おすすめ問題集】
　Ｊｒ・ウォッチャー29「行動観察」

問題38　分野：面接（保護者・志願者面接）

〈解答〉　省略

保護者への質問の後、お子さまへの質問という形で面接が行われます。保護者への質問は、両親ともに答えるように言われる場合と父親・母親のいずれかが指定される場合、どちらが答えてもよい場合があるので、保護者同士でしっかりコミュニケーションをとって、どの質問が来ても対応できるようにしておきましょう。また、願書提出時に、志望理由、子育ての方針、志願者の長所・短所などを具体的な例を挙げて記入する必要があるので、そうした点も踏まえて面接に取り組まなければいけません。志願者への質問は、回答に対して掘り下げた質問をされる場合があります。一問一答の決められたパターンで答えるのではなく、しっかりとしたコミュニケーション力が求められます。

【おすすめ問題集】
　新 小学校受験の入試面接Ｑ＆Ａ、保護者のための面接最強マニュアル、
　家庭で行う面接テスト問題集

2020年度の過去問題

問題39　分野：常識（総合）

〈準 備〉　鉛筆、消しゴム

〈問 題〉　**問題39-３の絵は縦に使用してください。**
（問題39-１の絵を渡す）
①～④左の四角に描いてあるものから何ができますか。右の四角から選んで○をつけてください。
（問題39-２の絵を渡す）
⑤⑥左の四角の料理にあと１つ何を選ぶとバランスのよい食事になりますか。右の四角から選んで○をつけてください。
（問題39-３の絵を渡す）
⑦上の段と真ん中の段、下の段に描かれているものの中から同じ季節のもの選んで、それぞれ線で結んでください。

〈時 間〉　①～⑥各15秒　⑦１分

〈解 答〉　①右　②左　③右　④真ん中　⑤左上　⑥右上
⑦下図参照

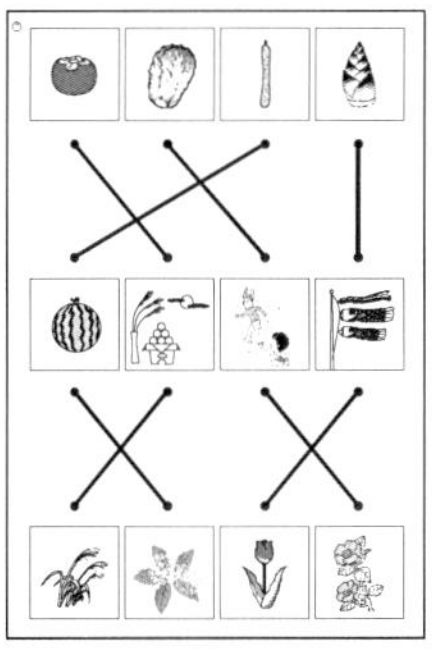

［2020年度出題］

学習のポイント

小問集合形式の常識分野の問題です。①～⑥は、生活の知識を聞いています。季節や理科的な知識と違い、問題を解いたり、メディアに触れることによって得ることが難しい知識です。保護者の方は、お子さまに生活の場面で学習の機会を提供してください。お手伝いでもおつかいでもかまいません。とにかく機会を与えることが、お子さまの経験となり、学びとなり、知識を得ることにつながるのです。⑦は季節の分類です。生活している環境にはない自然・行事などがあれば、経験・知識をメディアなどで補っておきましょう。身近にないものは無理をして経験はしなくても、当校の問題には充分対応できるはずです。地元色の強いもの、その学校特有の出題といったものも最近は見られません。

【おすすめ問題集】
Ｊｒ・ウォッチャー11「いろいろな仲間」、12「日常生活」、27「理科」、34「季節」、55「理科②」

問題40　分野：言語（総合）

〈準備〉　鉛筆、消しゴム

〈問題〉　（問題40－1の絵を渡す）
絵を左から右までしりとりでつなげます。その時「？」のところにあてはまる絵を下の絵から選んで、○をつけてください。
（問題40－2の絵を渡す）
左の絵の言葉と同じ音の数のものを右の絵の中から2つ見つけて、○をつけてください。

〈時間〉　各1分

〈解答〉　下図参照

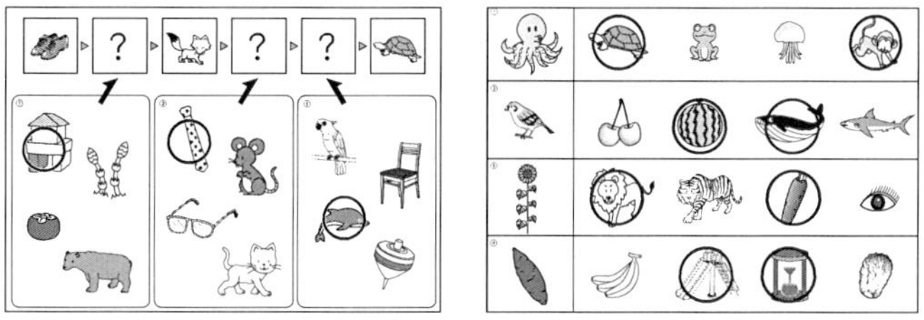

［2020年度出題］

学習のポイント

例年出題される言語分野の問題です。しりとりやそのバリエーションがほとんどです。こういった問題が苦手というお子さまには2つのパターンがあります。1つは、描いてあるイラストが何を表しているのかわからない、というパターン。これは、単純に語彙・知識が少ないということなので、言葉カードやブロックを使った学習やしりとりなどの言葉遊びを数多く行うことで解消できます。次に語彙がないというよりは、言葉の音に関する認識が薄いパターン。言葉はいくつかの音で構成されているという概念を把握しきれていないので、「この言葉の2番目の音は…」と言われるとよくわからなくなってしまうのです。これは学習が足りないというよりは、言葉を声に出す機会が少ないのかもしれません。話す機会が少ないとどうしても「音」に関する知識は不足します。文字を使わない言語の学習では、実際に人と話すこと、話を聞くことが貴重な経験になります。保護者の方はお子さまにそういった経験の機会を設けるようにしてください。

【おすすめ問題集】
Ｊｒ・ウォッチャー17「言葉の音遊び」、18「いろいろな言葉」、49「しりとり」、60「言葉の音（おん）」

問題41　分野：推理（なぞなぞ）

〈準　備〉　鉛筆、消しゴム

〈問　題〉　①ヒントにあてはまる動物を選んで○をつけてください。
「足が４本です」「大きな耳があります」「鼻が長いです」
②ヒントにあてはまる動物を選んで○をつけてください。
「長いあいだ、土の中にいます」「夏に出てきます」「大きな声でなきます」
③ヒントにあてはまる動物を選んで○をつけてください。
「足が４本です」「ぴょんぴょんはねます」「緑色です」
④ヒントにあてはまる動物を選んで○をつけてください。
「赤ちゃんで生まれます」「ぴょんぴょんはねます」
「お腹に袋があります」

〈時　間〉　各15秒

〈解　答〉　①右端　②左から２番目　③右から２番目　④左端

[2020年度出題]

学習のポイント

推理分野の問題としてはいますが、推理するというよりは理科的な常識をなぞなぞ形式で出されるヒントから考えるという問題です。問題内容自体はそれほど難しいものではありませんが、形式が珍しいので、びっくりしないようにしてください。ヒントの聞き逃しと勘違いに注意です。動物の生態に関して聞かれるのは、棲息場所、卵生・胎生、大きなくくりでの類別（鳥類・魚類など）、ほかにはない特徴（飛ぶ哺乳類→コウモリ、光る虫→ホタル）といったところでしょうか。専門知識は必要ありません。あくまでお子さまが知っていると思われる知識を聞く問題です。目にする機会のないものについてはメディアを通して補う、といったスタンスでよいでしょう。

【おすすめ問題集】
Ｊｒ・ウォッチャー27「理科」、34「季節」、55「理科②」

問題42　分野：記憶（見る記憶）

〈準 備〉　鉛筆、消しゴム
※問題24の絵を中央の線で切り、左側を「記憶用」右側を「解答用」とする。

〈問 題〉　（問題42の左側の絵を渡す）
絵をよく見て覚えてください。
（30秒後に、問題42の左側の絵を伏せ、右側の絵を渡す）
今見た絵の中にあったものを、それぞれの四角の中から選んで○をつけてください。

〈時 間〉　記憶：30秒　解答：各10秒

〈解 答〉　①左　②真ん中　③右　④真ん中

[2020年度出題]

学習のポイント

見る記憶の問題です。記憶するための基本的な観察方法は、①「全体を見て大まかな配置や全体の数を把握する」、②「1つひとつを特徴を端的に把握する」です。この問題で言えば、①「記号が8個並んでいる」、②「記号は◎…」といった形になります。もちろん、すべて言葉にする必要はなく、イメージを記憶してもかまいません。ただし、イメージに頼りすぎると1つわからなくなるとそのショックですべて忘れてしまうということがお子さまにはあります。絵を言語化しながら、言葉にしにくいものはイメージを混ぜていく、といったやり方が現実的でしょう。お子さまの視覚による記憶は大人が考えるよりも覚える量・速さともに優れているそうです。基本的な観察方法は教える必要がありますが、その後はお子さまに任せても案外うまくいくかもしれません。

【おすすめ問題集】
　Ｊｒ・ウォッチャー20「見る記憶・聴く記憶」

問題43　分野：推理（系列、比較）

〈準備〉　鉛筆、消しゴム

〈問題〉　（問題43－1の絵を渡す）
①上の段を見てください。「？」の書いてある太い線の枠にあてはまるものはどれですか。正しいものを下の段から選んで○をつけてください。
（問題43－2の絵を渡す）
②マス目の中にさまざまな長さの鉛筆があります。1番長いと思う鉛筆の下の四角に○を書いてください。

〈時間〉　各15秒

〈解答〉　下図参照

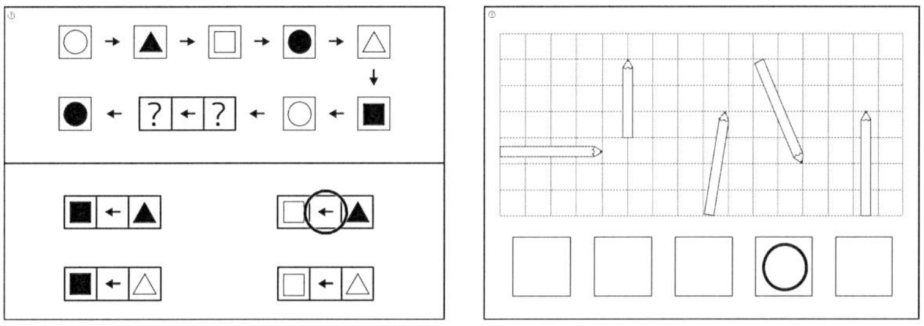

［2020年度出題］

学習のポイント

①の系列は思考力が観点の問題です。「ＡＢＣＡＢＣ」といった並び方の法則を見つけ出すのが目的になります。指や印を使ったハウツーで答えを出し、それで終わりにしているお子さまが時折いますが、趣旨が違うのでやめておいた方がよいでしょう。結局自分のためになりません。そもそも並び方が曲線だったり、系列自体が複雑なものだとハウツーは使えませんから、入試など応用問題が出る場面には向いていないのです。②は長さ比べの問題です。これも見た目で判断するのではなく、マス目の数を数えて比較してほしいというのが本来の趣旨でしょう。入試、特にペーパーテストでは答えを出すプロセスは観察されないと考えがちですが、経験豊富な採点者にはわかってしまうものです。ハウツーを安易に使うのはやめましょう。

【おすすめ問題集】
Ｊｒ・ウォッチャー６「系列」、15「比較」、58「比較②」

問題44　分野：図形（模写・同図形探し）

〈準備〉　鉛筆、消しゴム

〈問題〉　①左の四角を見てください。上に書かれている絵を、下に描いてください。
②右の四角を見てください。上の段と下の段の同じ形を線でつないでください。

〈時間〉　各30秒

〈解答〉　省略

［2020年度出題］

学習のポイント

①模写の問題では、座標上の位置を正確にとらえることと、きれいにまっすぐな線を引くことがポイントです。座標上の位置は、常に「左から○番目、上から○番目」というように把握する習慣をつけておくとよいでしょう。記号をしっかり把握してできるだけお手本の形に近づけてください。正しく鉛筆を使えば線がブレることも少なくなるでしょう。②は同図形探しの問題です。マス目にさまざまな記号を使った複雑な形ですから、全体を把握しようとするのは混乱のもとです。切り分けて比較していきましょう。例えば右上隅の記号同士を比較していき、次はその下を…と進めていくのです。解答時間が短いのである程度のスピードは必要ですが、確実に答えることができます。

【おすすめ問題集】

Ｊｒ・ウォッチャー２「座標」、４「同図形探し」

問題45　分野：図形（対称図形・図形の構成）

〈準備〉　鉛筆、消しゴム

〈問題〉　①②点線で折った時、左の形がぴったり重なるように、右に形を描いてください。
③上の形を組み合わせてできる形はどれですか。正しいものを選んで○をつけてください。

〈時間〉　各30秒

〈解答〉　下図参照

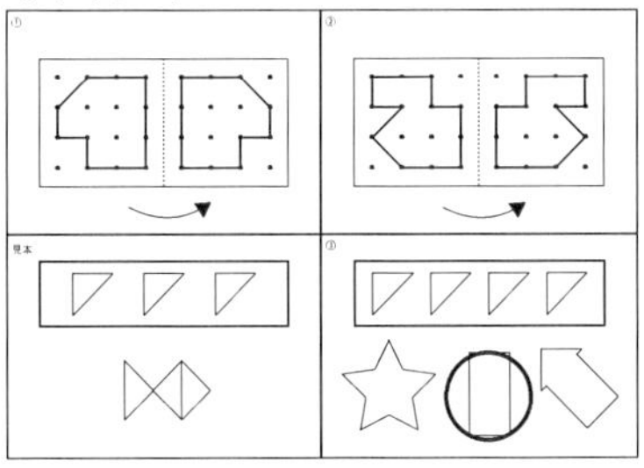

[2020年度出題]

学習のポイント

右側に描くのは左側の対称図形になるので、①②は対称（鏡）図形の問題とも言えます。一見、点線図形の問題のようですが、「折ってぴったり重なるように」という意味がわかれば、問題なく左右が反転した形が書けるでしょう。問題は指示を聞いてもよくわからなかった場合です。もし、重なる様子がイメージできず答えられなかったのなら、その感覚がまだ育っていないということになります。小学校受験の図形問題は、図形がどのような約束でどのように変化したかをイメージしないと答えることができません。まずは実際に紙を切り抜き、折ってみましょう。そこからさまざまなことがわかります。③は図形の構成の問題です。図形のパズルと言ってよい問題ですから、これもよくわからないようなら、実際に問題の絵を切り抜き、選択肢の絵にあてはめてみましょう。説明されるよりはかなりわかりやすくなるはずです。

【おすすめ問題集】

Ｊｒ・ウォッチャー８「対称」、54「図形の構成」

問題46　分野：数量（選んで数える・積み木）

〈準備〉　鉛筆、消しゴム

〈問題〉　**問題46-2の絵は縦に使ってください。**

（問題46-1の絵を渡す）

①木に実っているくだものの中で１番多いものの数だけ、下の四角に○を書いてください。

（問題46-２の絵を渡す）

②③④⑤

積み木の数をかぞえて、その数だけ右の四角に○を書いてください。

〈時間〉　各30秒

〈解答〉　①○：８　②○：６　③○：８　④○：９　⑤○：11

［2020年度出題］

学習のポイント

①は「選んで数える」問題です。当校に限らず、数量分野の問題はおしなべて解答時間が短く、指折り数えていては時間内に答えることはできません。そこで、慌てないように印を付けたり、○で囲んだりするハウツーをすすめる人も多くいます。そのハウツー、単に理解するためならよいのですが、テストの答案に書き込むとなると問題になることがあります。例えば、答えと判別しにくいケース。答えに○をつけるという問題で、チェック用の記号に○を使ったりすれば誤解を受ける原因になるというわけです。②は積み木の数をかぞえる問題です。ポイントは１つで、「描かれていない積み木の数も入れて答える」だけです。あまり間違える人はいないので、落ち着いて正確に答えましょう。解答に納得ができない時は積み木を並べてください。

【おすすめ問題集】

Ｊｒ・ウォッチャー16「積み木」、37「選んで数える」

問題47　分野：数量（数を分ける・増減）

〈準備〉　鉛筆、消しゴム

〈問題〉　①子ども３人で12個のイチゴを同じ数になるように分けます。１人は何個イチゴをもらえますか。その数だけ下の四角に○を書いてください。
②子どもが４人公園で遊んでいました。この後２人帰りましたが、後から４人やってきました。今公園には何人の子どもがいますか。その数だけ下の四角に○を書いてください。

〈時間〉　各30秒

〈解答〉　①○：４　②○：６

［2020年度出題］

学習のポイント

いずれも「数に対する感覚」のあるなしを観点にした問題です。数に対する感覚とは、１～10までの数のものの集合ならそれがいくつあるかがわかったり（「リンゴが４個ある」）、２つの集合があればどちらが多いかがわかる（「リンゴよりバナナの方が２つ多い」）、という感覚のことを言います。①はいくつ配れるかを考えるのですが、できれば３個のイチゴを○で囲んだりしないでください。理解するためなら仕方ありませんが、数の感覚が身に付いていないように見えます。②は小学校に入学してからの「計算」につながる、数の増減に関する問題です。１～10程度の数については、数の把握、基本的な増減をすばやくできるように練習しておいてください。勘違いや思い込みをしないように気を付けながら、順を追って数を認識するのです。

【おすすめ問題集】
Ｊｒ・ウォッチャー14「数える」、38「たし算・ひき算１」、
39「たし算・ひき算２」、40「数を分ける」、42「一対多の対応」

問題48　分野：行動観察

〈準備〉　鉛筆、クレヨン、消しゴム、スモック（ボタン付きのもの）、箸、皿、紙コップ、ダイズ（適宜）

〈問題〉　①スモックを着てください。
（問題48の絵を渡す）
②絵の点線を鉛筆でなぞってください。
③屋根は赤色、ドアは黄色、窓は青色で塗ってください。服とズボン、靴は好きな色で塗ってください。
④「やめ」と言われたら絵を描くのをやめて、スモックを脱いでたたんでください。たたんだスモックは小さい箱に入れてください。
※スタート位置に５人が並び、その先の机の上にダイズを載せた皿と箸、紙コップが置いてある。
⑤箸で皿にあるものを紙コップにたくさん入れましょう。「やめ」と言われたら、やめてください。
⑥先生のお手本通りに体を動かしてください（ジャンプや足上げなど）。

〈時間〉　適宜

〈解答〉　省略

［2020年度出題］

学習のポイント

当校の行動観察では、スモックの着脱の課題から家庭での躾を、巧緻性の作業から手先の器用さ、まじめさ、根気強さなどを評価しています。また、グループでの作業からは周囲との協調性、コミュニケーション能力なども評価しています。先生の指示をしっかりと聞いているか、理解できているか、積極的に行動しているか、周囲の子どもと協力できているか、邪魔をしていないかなど、評価のポイントは多岐に渡ります。行動観察は、お子さまの日常をうかがうことができる問題の１つです。直前に対策して身に付くものではありません。ふだんから、線を引く、色を塗るなどの作業をていねいに練習することや、お友だちと遊ぶ際に、集団の中でのルールを学んでいくようにしてください。

【おすすめ問題集】
Ｊｒ・ウォッチャー23「切る・貼る・塗る」、28「運動」、29「行動観察」

問題49　分野：保護者・志願者面接

〈準備〉　なし

〈問題〉　**この問題の絵はありません。**

【保護者へ】
- それぞれの自己紹介をしてください。
- 志願動機をお聞かせください。
- 通学時間について教えてください。
- ４つの柱で１番大切な柱は何ですか。
- ４つの柱でお父さまが答えたもの以外で大切だと思うことは何ですか。
- ご家庭の教育方針を教えてください。
- いつ頃立命館小学校に決められましたか。
- 他校も見られたと思いますが、他校に比べて立命館のよいところは何ですか。
- 何度か学校に来られましたか。→学校見学に参加されましたか。
- その時の印象はいかがですか。
- 一言で言ったらどんなお子さまですか。
- お子さまのよいところを教えてください。
- お子さまの成長したと思うところを教えてください。
- お子さまの今後成長が必要だと思う点について教えてください。
- 休日は子どもとどのように過ごされていますか。
- 子育てで１番難しいと感じている点をお聞かせください。
- 学校の取り組みの中で、子どもが力を発揮できることは何ですか。
- 今後学校に期待することはどのようなことですか。

【志願者へ】
- あなたのお名前とお誕生日を教えてください。
- あなたの誕生日はいつですか。→次の誕生日がきたら何歳ですか。
- 幼稚園の名前とクラス、先生の名前を教えてください。
- 幼稚園の名前を教えてください。→幼稚園のクラスの名前を教えてください。→何組さんですか。→先生の名前は何ですか。
- 読んでいる本は何ですか。→その本のどこが好きですか。
- お手伝いはしますか。→どんなお手伝いをしますか。→食器は自分のものだけですか。誰のものを運びますか。→お料理はしますか。何を作りましたか。→包丁は使いましたか。→誰と使いましたか。→サンドウィッチには何をはさみますか。
- 何をしたら褒められますか。→何をしたら怒られますか。
- 得意なことは何ですか。→ボールつきは何回できますか。→なわとびは何回跳べますか。
- 立命館小学校ではどんな勉強をしたいですか。
- お父さんお母さんのそれぞれ１番好きなところを教えてください。

〈時間〉　10分程度

〈解答〉　省略

［2020年度出題］

学習のポイント

面接時間は10分、面接担当者は２名、いわゆる親子面接ですが着席後に志願者のみ別室に移動し、絵画を制作します（10分）。その間に保護者への質問があり、絵画を制作し終えた志願者が面接会場に帰ってくると志願者に質問が行われるという形です。質問項目は、志望理由、教育方針などスタンダードなものが主体です。それ以外では教育方針である「４つの柱」についてなど、学校についての質問が目立ちますが、特に答えづらいものはありません。保護者同士で事前の打ち合わせを行っておけば問題ないでしょう。なお、志願者面接では、名前や家族についての質問の後に、志願者の回答をさらに広げる質問が出されるようです。ふだんから一問一答式ではなく、もう１歩詳しく話したり、体験を添えて話す練習をしておけば、そういった質問にも無難に答えられるでしょう。

【おすすめ問題集】

家庭で行う面接テスト問題集、面接最強マニュアル、小学校面接Ｑ＆Ａ

☆立命館小学校

問題３９－１

⑤

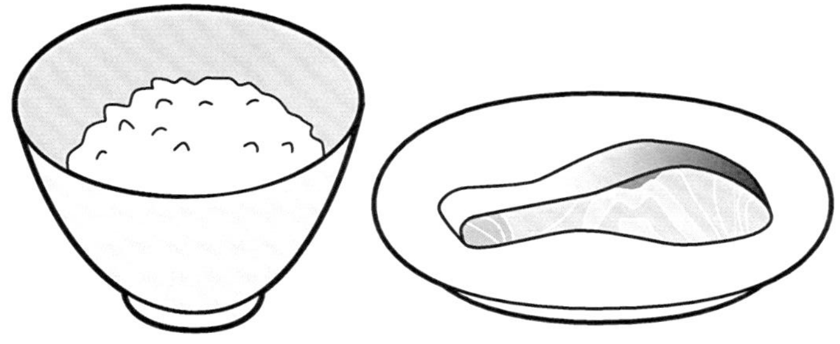

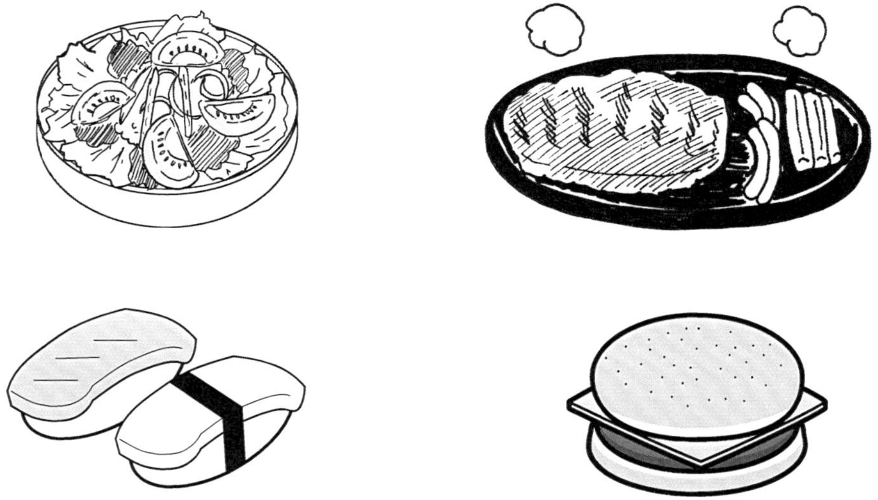

⑥

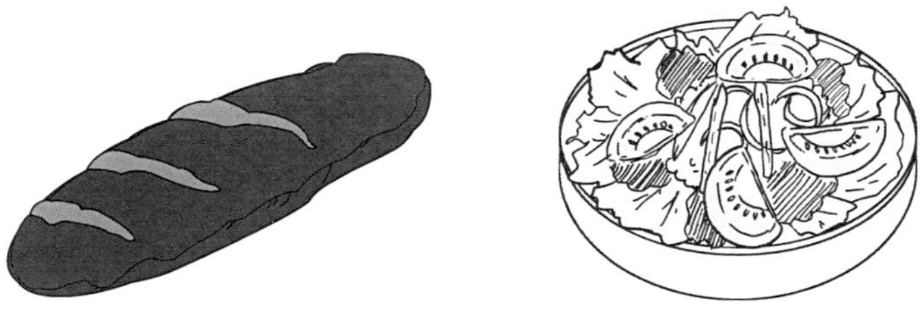

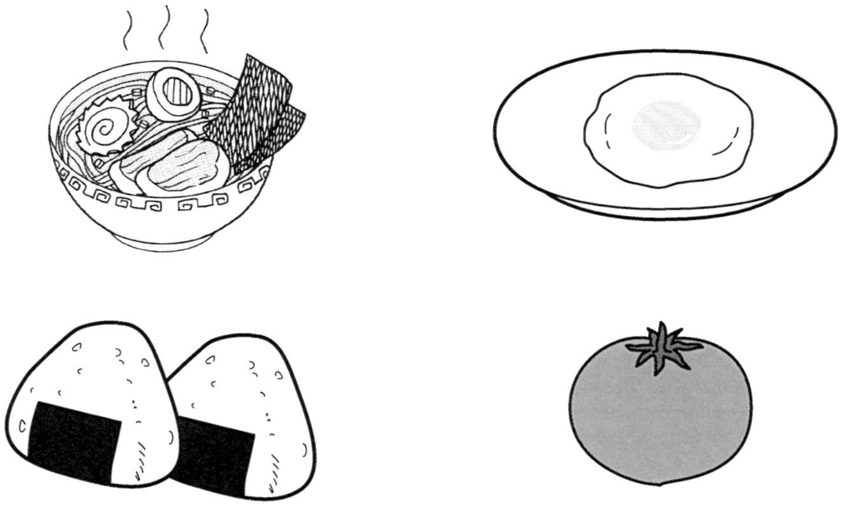

問題３９－３

⑦

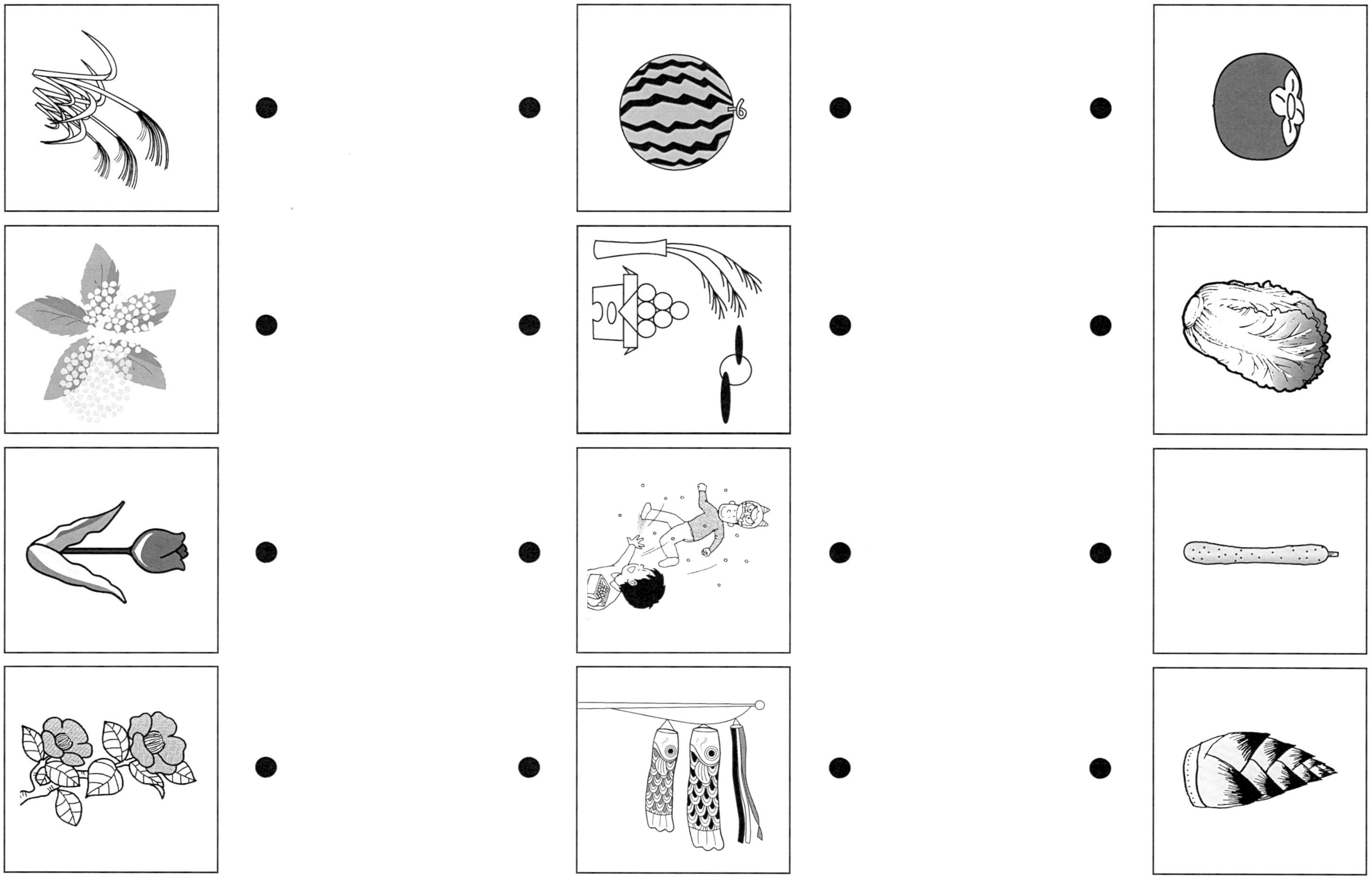

日本学習図書株式会社

☆立命館小学校

問題４０－１

☆立命館小学校

問題４０－２

☆立命館小学校

問題４１

①

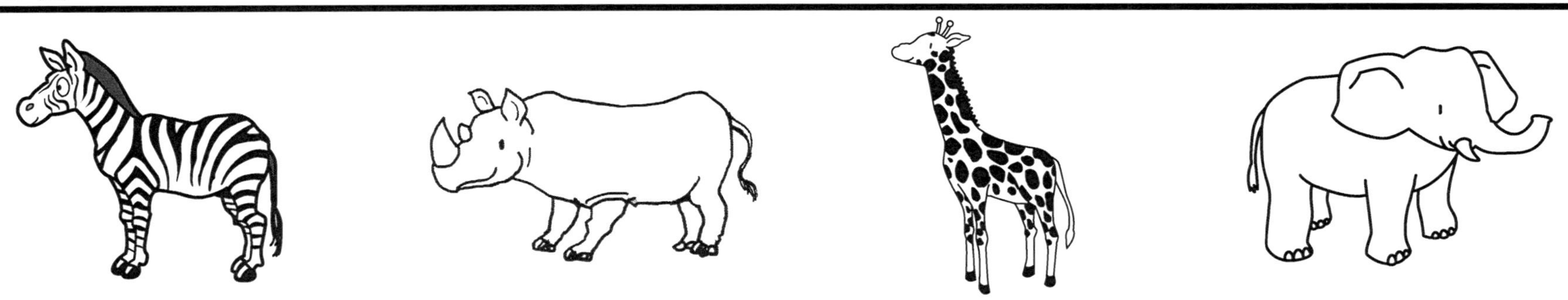

②

③

④

☆立命館小学校

問題４２

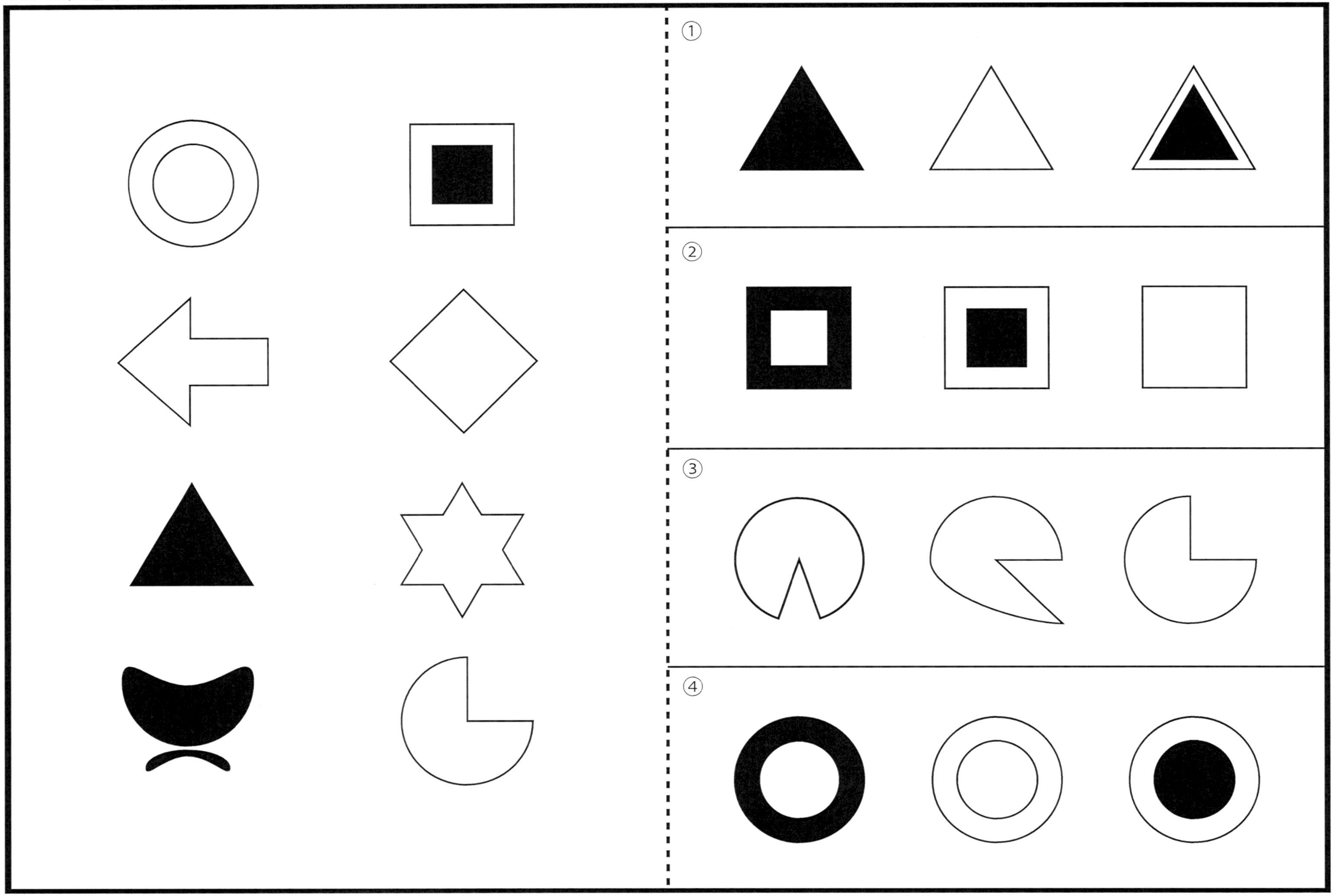

①

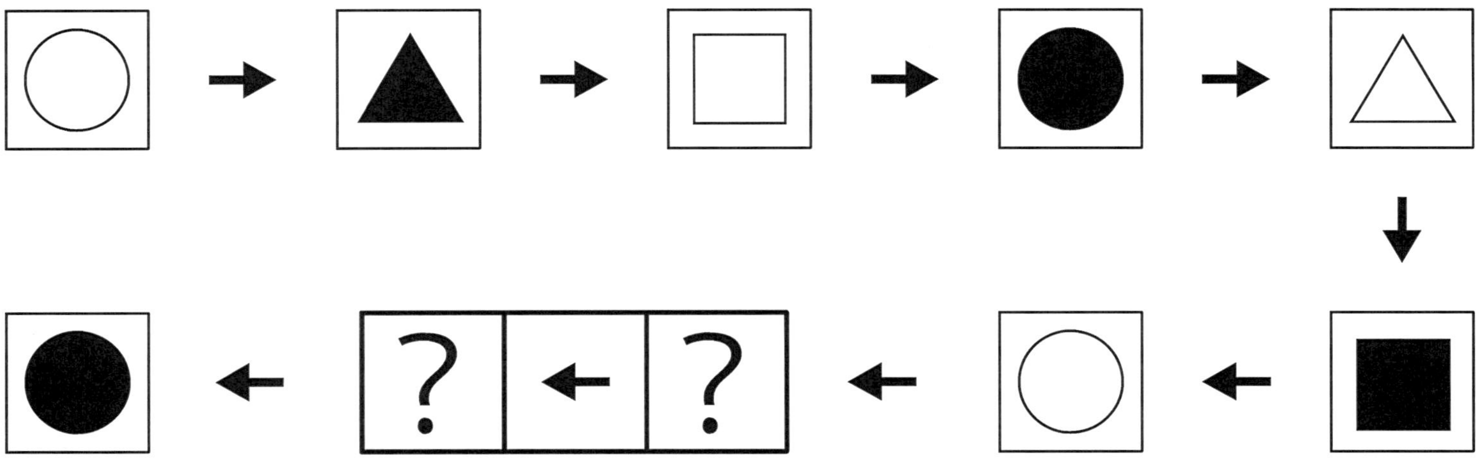

☆立命館小学校

2022 年度 洛南・立命館 過去 無断複製／転載を禁ずる 日本学習図書株式会社

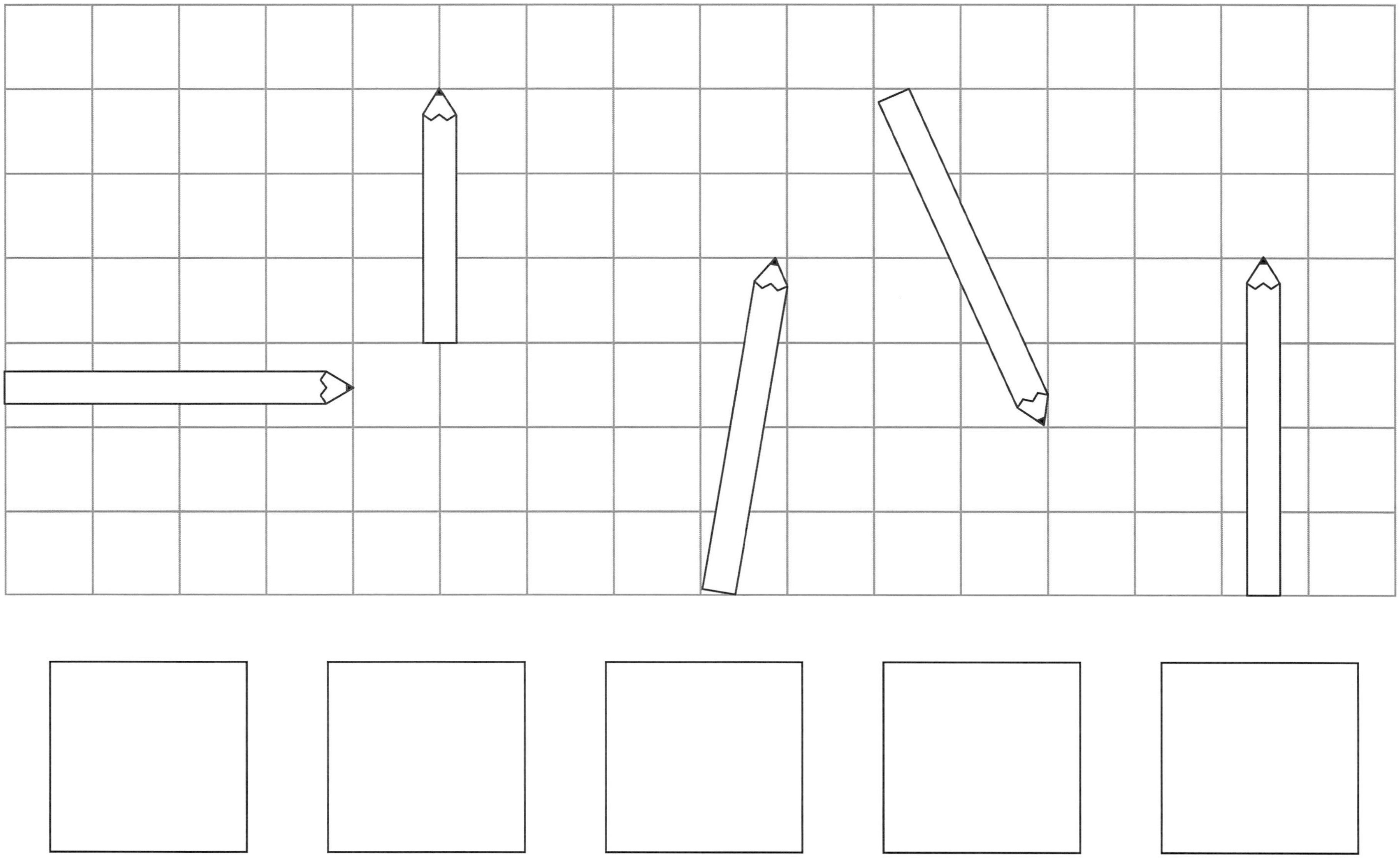

☆立命館小学校

問題44

①

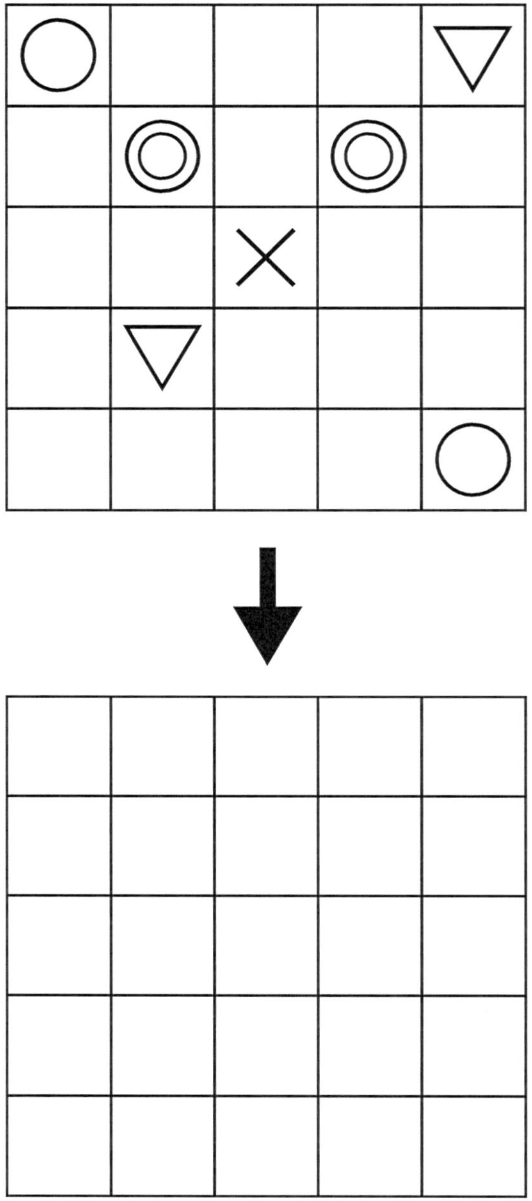

②

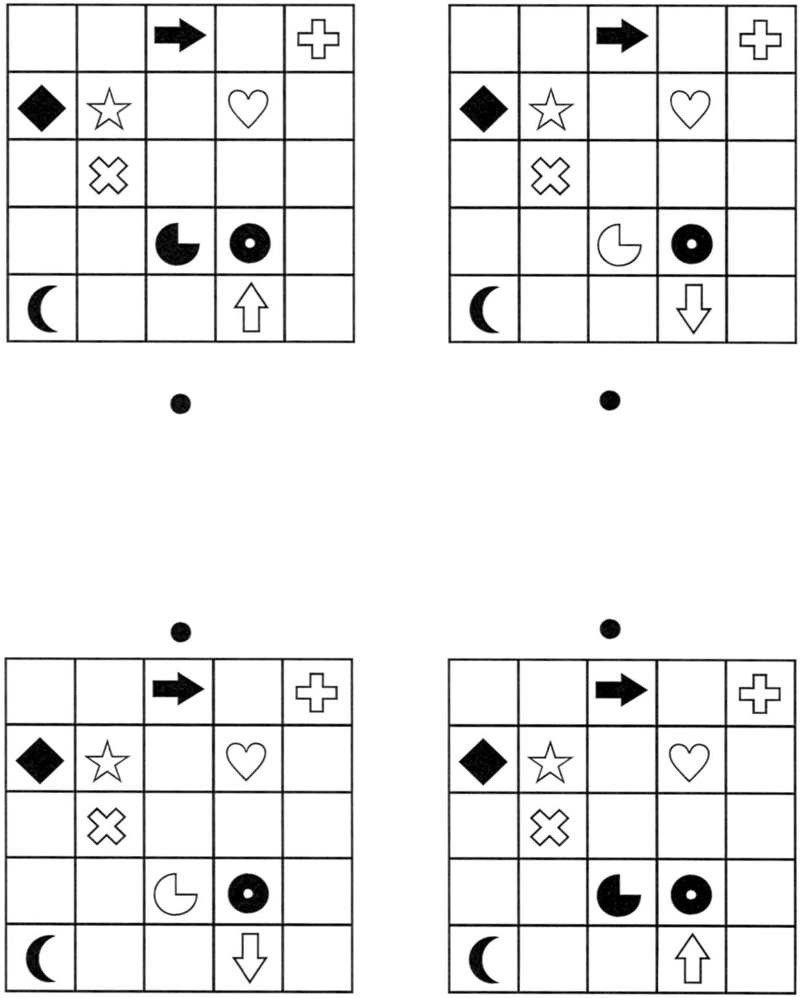

①

②

③

見本

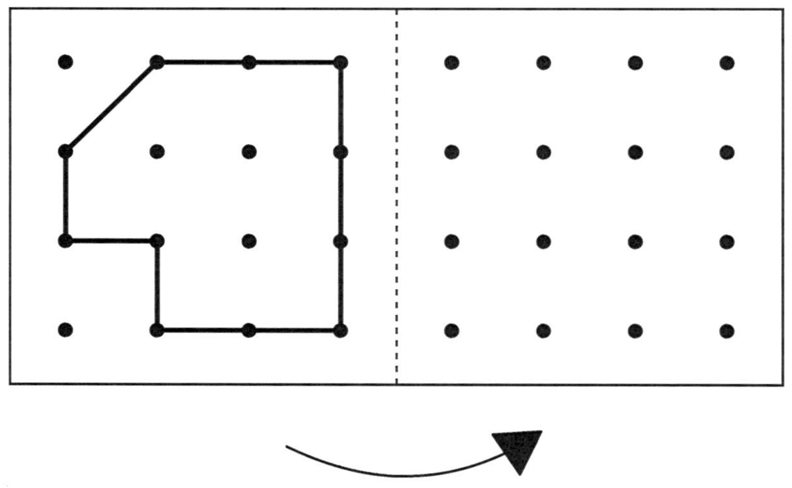

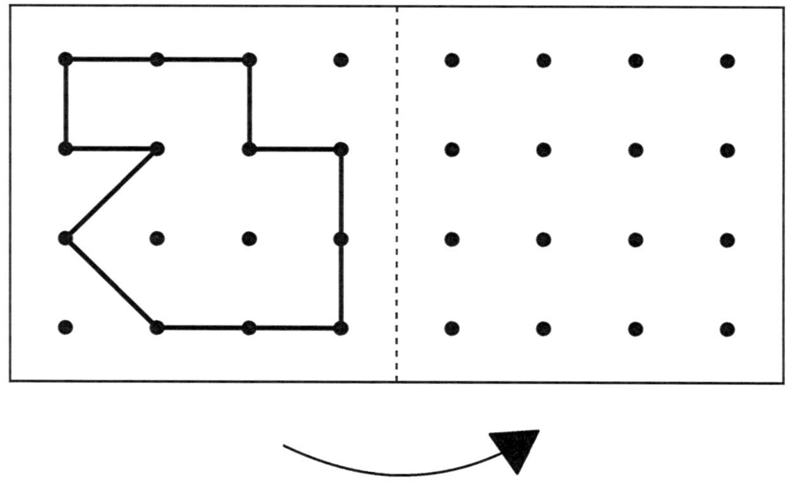

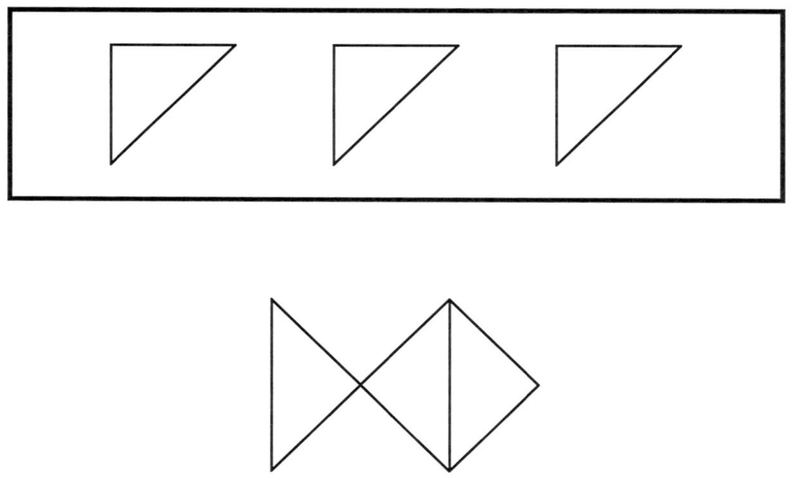

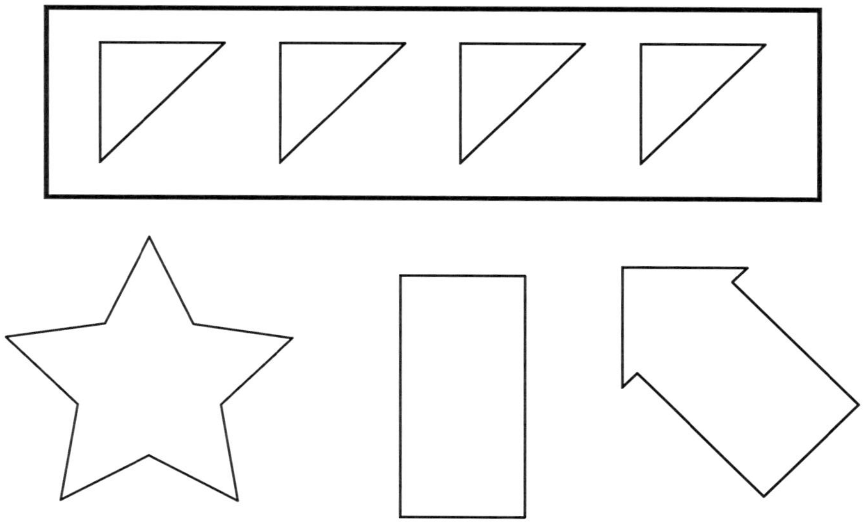

①

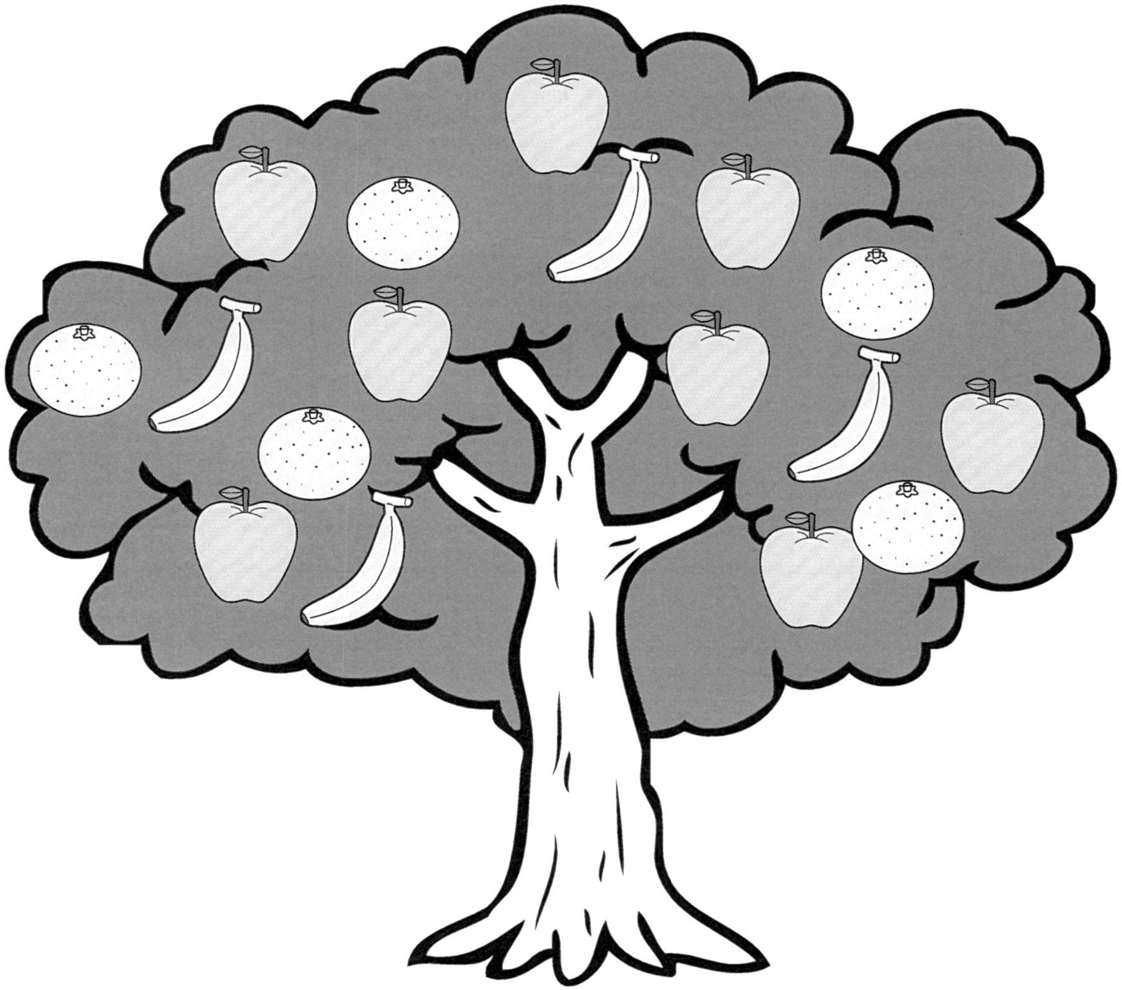

☆立命館小学校

問題４６－２

②

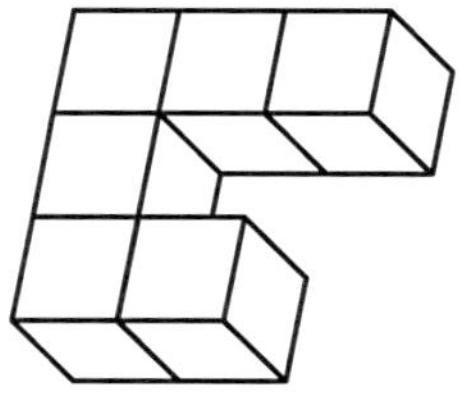

③

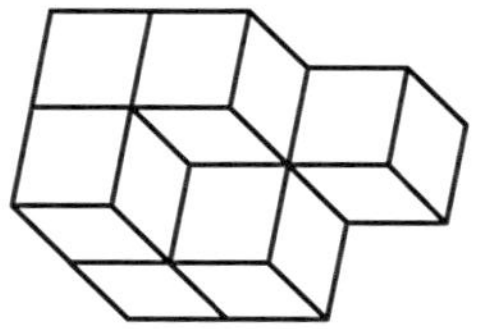

④

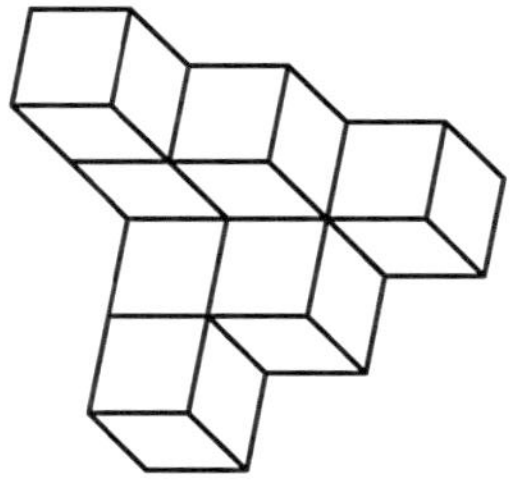

⑤

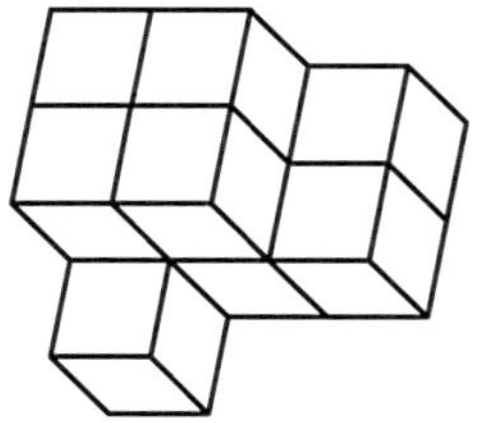

問題４７

①

②

　

☆立命館小学校

2022 年度 洛南・立命館 過去 無断複製／転載を禁ずる　日本学習図書株式会社

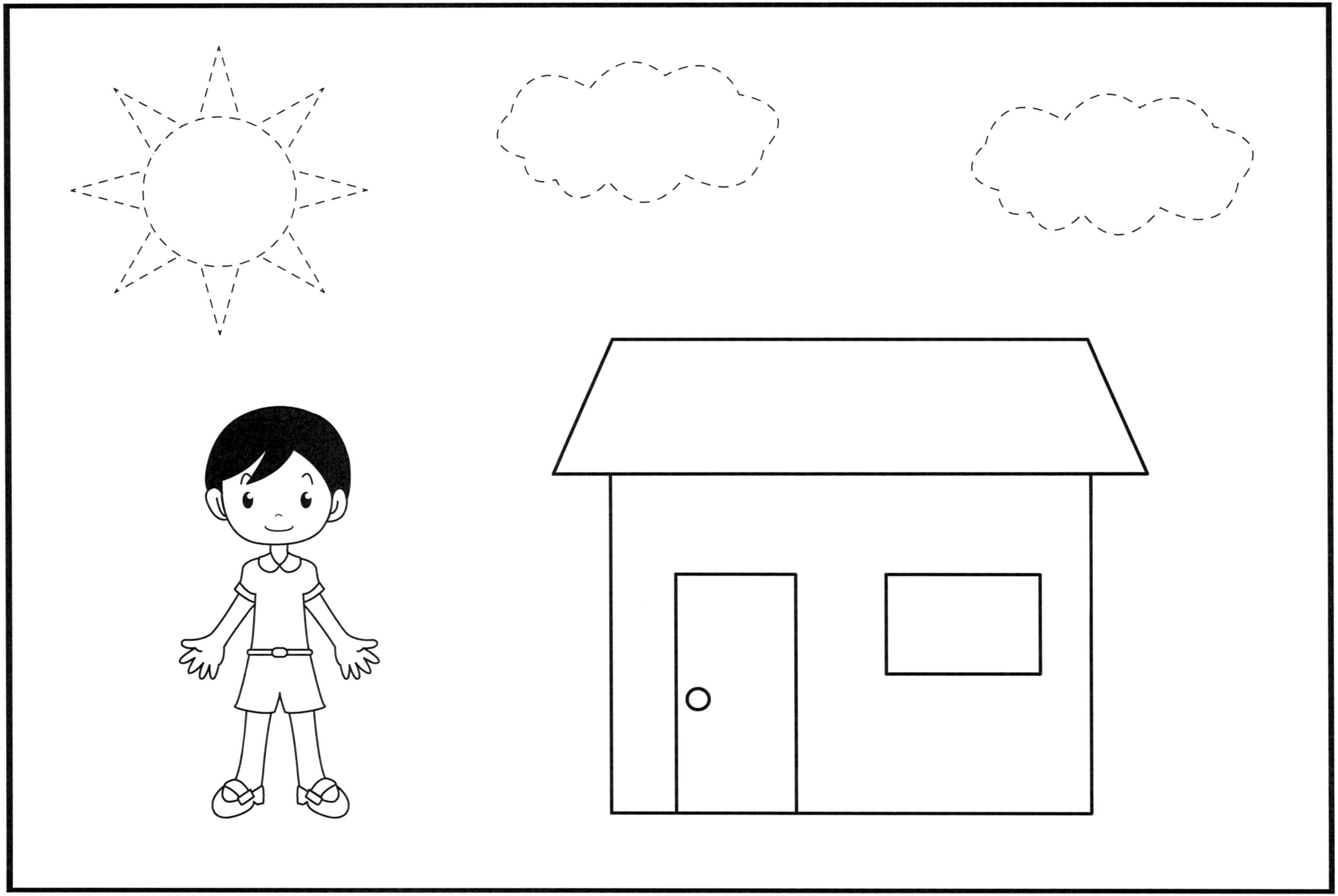

立命館小学校　専用注文書

年　　月　　日

合格のための問題集ベスト・セレクション

＊入試頻出分野ベスト３

1st　常　識　知　識　聞く力

2nd　図　形　観察力　思考力

3rd　推　理　思考力　観察力

それほど難しい問題が出題されることはないので、基礎をしっかりと学んでおけば充分に対応できます。その際、ペーパー学習だけでなく、生活体験を通じた学習を心がけるようにしてください。

分野	書　名	価格(税込)	注文	分野	書　名	価格(税込)	注文
図形	Ｊｒ・ウォッチャー４「同図形探し」	1,650円	冊	言語	Ｊｒ・ウォッチャー49「しりとり」	1,650円	冊
推理	Ｊｒ・ウォッチャー７「迷路」	1,650円	冊	推理	Ｊｒ・ウォッチャー53「四方からの観察 積み木編」	1,650円	冊
常識	Ｊｒ・ウォッチャー12「日常生活」	1,650円	冊	図形	Ｊｒ・ウォッチャー54「図形の構成」	1,650円	冊
数量	Ｊｒ・ウォッチャー14「数える」	1,650円	冊	常識	Ｊｒ・ウォッチャー55「理科②」	1,650円	冊
言語	Ｊｒ・ウォッチャー17「言葉の音遊び」	1,650円	冊	常識	Ｊｒ・ウォッチャー56「マナーとルール」	1,650円	冊
言語	Ｊｒ・ウォッチャー18「いろいろな言葉」	1,650円	冊	言語	Ｊｒ・ウォッチャー60「言葉の音（おん）」	1,650円	冊
巧緻性	Ｊｒ・ウォッチャー23「切る・貼る・塗る」	1,650円	冊		1話5分の読み聞かせお話集①・②	1,980円	各　冊
常識	Ｊｒ・ウォッチャー27「理科」	1,650円	冊		お話の記憶問題集 初級編	2,860円	冊
観察	Ｊｒ・ウォッチャー29「行動観察」	1,650円	冊		実践 ゆびさきトレーニング①・②・③	2,750円	各　冊
推理	Ｊｒ・ウォッチャー32「ブラックボックス」	1,650円	冊		小学校受験で知っておくべき125のこと	2,860円	冊
常識	Ｊｒ・ウォッチャー34「季節」	1,650円	冊		新 小学校受験の入試面接Q＆A	2,860円	冊
数量	Ｊｒ・ウォッチャー38「たし算・ひき算１」	1,650円	冊		保護者のための入試面接最強マニュアル	2,200円	冊
数量	Ｊｒ・ウォッチャー39「たし算・ひき算２」	1,650円	冊		家庭で行う面接テスト問題集	2,200円	冊
図形	Ｊｒ・ウォッチャー46「回転図形」	1,650円	冊		新 願書・アンケート・作文 文例集500	2,860円	冊

合計	冊	円

（フリガナ） 氏　名	電　話 ＦＡＸ E-mail
住 所　〒　　　－	以前にご注文されたことはございますか。 有　・　無

★お近くの書店、または記載の電話・FAX・ホームページにてご注文をお受けしております。
電話：03-5261-8951　FAX：03-5261-8953　代金は書籍合計金額＋送料がかかります。
※なお、落丁・乱丁以外の理由による商品の返品・交換には応じかねます。
★ご記入頂いた個人に関する情報は、当社にて厳重に管理致します。なお、ご購入の商品発送の他に、当社発行の書籍案内、書籍に関する調査に使用させて頂く場合がございますので、予めご了承ください。

日本学習図書株式会社
http://www.nichigaku.jp

分野別 小学入試練習帳 ジュニアウォッチャー

1．点・線図形	小学校入試で出題頻度の高い『点・線図形』の模写を、難易度の低いものから段階別に幅広く練習することができるように構成。
2．座標	図形の位置模写という作業を、難易度の低いものから段階別に練習できるように構成。
3．パズル	様々なパズルの問題を難易度の低いものから段階別に練習できるように構成。
4．同図形探し	小学校入試で出題頻度の高い、同図形選びの問題を繰り返し練習できるように構成。
5．回転・展開	図形などを回転、または展開したとき、形がどのように変化するかを学習し、理解を深められるように構成。
6．系列	数、図形などの様々な系列問題を、難易度の低いものから段階別に練習できるように構成。
7．迷路	迷路の問題を繰り返し練習できるように構成。
8．対称	対称に関する問題を４つのテーマに分類し、各テーマごとに問題を段階別に練習できるように構成。
9．合成	図形の合成に関する問題を、難易度の低いものから段階別に練習できるように構成。
10．四方からの観察	もの（立体）を様々な角度から見て、どのように見えるかを推理する問題を段階別に整理し、１つの形式で複数の問題を練習できるように構成。
11．いろいろな仲間	ものや動物、植物の共通点を見つけ、分類していく問題を中心に構成。
12．日常生活	日常生活における様々な問題を６つのテーマに分類し、各テーマごとに一つの問題形式で複数の問題を練習できるように構成。
13．時間の流れ	『時間』に着目し、様々なものごとは、時間が経過するとどのように変化するのかということを学習し、理解できるように構成。
14．数える	様々なものを『数える』ことから、数の多少の判定やかけ算、わり算の基礎までを練習できるように構成。
15．比較	比較に関する問題を５つのテーマ（数、高さ、長さ、量、重さ）に分類し、各テーマごとに問題を段階別に練習できるように構成。
16．積み木	数える対象を積み木に限定した問題集。
17．言葉の音遊び	言葉の音に関する問題を５つのテーマに分類し、各テーマごとに問題を段階別に練習できるように構成。
18．いろいろな言葉	表現力をより豊かにするいろいろな言葉として、擬態語や擬声語、同音異義語、反意語、数詞を取り上げた問題集。
19．お話の記憶	お話を聴いてその内容を記憶、理解し、設問に答える形式の問題集。
20．見る記憶・聴く記憶	「見て憶える」「聴いて憶える」という『記憶』分野に特化した問題集。
21．お話作り	いくつかの絵を元にしてお話を作る練習をして、想像力を養うことができるように構成。
22．想像画	描かれてある形や景色に好きな絵を描くことにより、想像力を養うことができるように構成。
23．切る・貼る・塗る	小学校入試で出題頻度の高い、はさみやのりなどを用いた巧緻性の問題を繰り返し練習できるように構成。
24・絵画	小学校入試で出題頻度の高い、お絵かきやぬり絵などクレヨンやクーピーペンを用いた巧緻性の問題を繰り返し練習できるように構成。
25．生活巧緻性	小学校入試で出題頻度の高い日常生活の様々な場面における巧緻性の問題集。
26．文字・数字	ひらがなの清音、濁音、拗音、拗長音、促音と１～20までの数字に焦点を絞り、練習できるように構成。
27．理科	小学校入試で出題頻度が高くなりつつある理科の問題を集めた問題集。
28．運動	出題頻度の高い運動問題を種目別に分けて構成。
29．行動観察	項目ごとに問題提起をし、「このような時はどうか、あるいはどう対処するのか」の観点から問いかける形式の問題集。
30．生活習慣	学校から家庭に提起された問題と思って、一問一問絵を見ながら話し合い、考える形式の問題集。
31．推理思考	数、量、言語、常識（含理科、一般）など、諸々のジャンルから問題を構成し、近年の小学校入試問題傾向に沿って構成。
32．ブラックボックス	箱や筒の中を通ると、どのようなお約束でどのように変化するかを推理・思考する問題集。
33．シーソー	重さの違うものをシーソーに乗せた時どちらに傾くのか、またどうすればシーソーは釣り合うのかを思考する基礎的な問題集。
34．季節	様々な行事や植物などを季節別に分類できるように知識をつける問題集。
35．重ね図形	小学校入試で頻繁に出題されている「図形を重ね合わせてできる形」についての問題を集めました。
36．同数発見	様々な物を数え「同じ数」を発見し、数の多少の判断や数の認識の基礎を学べるように構成した問題集。
37．選んで数える	数の学習の基本となる、いろいろなものの数を正しく数える学習を行う問題集。
38．たし算・ひき算１	数字を使わず、たし算とひき算の基礎を身につけるための問題集。
39．たし算・ひき算２	数字を使わず、たし算とひき算の基礎を身につけるための問題集。
40．数を分ける	数を等しく分ける問題です。等しく分けたときに余りが出るものもあります。
41．数の構成	ある数がどのような数で構成されているか学んでいきます。
42．一対多の対応	一対一の対応から、一対多の対応まで、かけ算の考え方の基礎学習を行います。
43．数のやりとり	あげたり、もらったり、数の変化をしっかりと学びます。
44．見えない数	指定された条件から数を導き出します。
45．図形分割	図形の分割に関する問題集。パズルや合成の分野にも通じる様々な問題を集めました。
46．回転図形	「回転図形」に関する問題集。やさしい問題から始め、いくつかの代表的なパターンから、段階を踏んで学習できるよう編集されています。
47．座標の移動	「マス目の指示通りに移動する問題」と「指示された数だけ移動する問題」を収録。
48．鏡図形	鏡で左右反転させた時の見え方を考えます。平面図形から立体図形、文字、絵まで。
49．しりとり	すべての学習の基礎となる「言葉」を学ぶこと、特に「語彙」を増やすことに重点をおき、さまざまなタイプの「しりとり」問題を集めました。
50．観覧車	観覧車やメリーゴーラウンドなどを舞台にした「回転系列」の問題集。「推理思考」分野の問題ですが、要素として「図形」や「数量」も含みます。
51．運筆①	鉛筆の持ち方を学び、点線なぞり、お手本を見ながらの模写で、線を引く練習をします。
52．運筆②	運筆①からさらに発展し、「欠所補完」や「迷路」などを楽しみながら、より複雑な鉛筆運びを習得することを目指します。
53．四方からの観察 積み木編	積み木を使用した「四方からの観察」に関する問題を練習できるように構成。
54．図形の構成	見本の図形がどのような部分によって形づくられているかを考えます。
55．理科②	理科的知識に関する問題を集中して練習する「常識」分野の問題集。
56．マナーとルール	道路や駅、公共の場でのマナー、安全や衛生に関する常識を学べるように構成。
57．置き換え	さまざまな具体的・抽象的事象を記号で表す「置き換え」の問題を扱います。
58．比較②	長さ・高さ・体積・数などを数学的な知識を使わず、論理的に推測する「比較」の問題を練習できるように構成。
59．欠所補完	線と線のつながり、欠けた絵に当てはまるものなどを求める「欠所補完」に取り組める問題集です。
60．言葉の音（おん）	しりとり、決まった順番の音をつなげるなど、「言葉の音」に関する問題に取り組める練習問題集です。

◆◆ニチガクのおすすめ問題集◆◆

より充実した家庭学習を目指し、ニチガクではさまざまな問題集をとりそろえております!!

ジュニアウォッチャー（既刊 60 巻）

①～⑥⓪（以下続刊）
本体各￥1,500＋税

入試出題頻度の高い９分野を、さらに 60 の項目に細分化した問題集が出来ました。
苦手分野におけるつまずきを効率よく克服するための 60 冊となっており、小学校受験における基礎学習にぴったりの問題集です。ポイントが絞られているため、無駄なく学習を進められる、まさに小学校受験問題集の入門編です。

国立・私立 NEW ウォッチャーズ

言語 / 理科 / 図形 / 記憶
常識 / 数量 / 推理
各２巻・全 14 巻
本体各￥2,000＋税

シリーズ累計発行部数 40 万部以上を誇る大ベストセラー「ウォッチャーズシリーズ」の趣旨を引き継ぐ新シリーズができました！
こちらは国立・私立それぞれの出題傾向に合わせた分野別問題集です。全問「解答のポイント」「ミシン目」付き、切り離し可能なプリント学習タイプで家庭学習におすすめです！

まいにちウォッチャーズ（全 16 巻）

導入編 / 練習編
実践編 / 応用編　各４巻
本体各￥2,000＋税

シリーズ累計発行部数 40 万部以上を誇る大ベストセラー「ウォッチャーズシリーズ」の趣旨を引き継ぐ新シリーズができました！
こちらは、お子さまの学習進度に合わせ、全分野を網羅できる総合問題集です。全問「解答のポイント」「ミシン目」付き、切り離し可能なプリント学習タイプで家庭学習におすすめです！

実践 ゆびさきトレーニング①・②・③

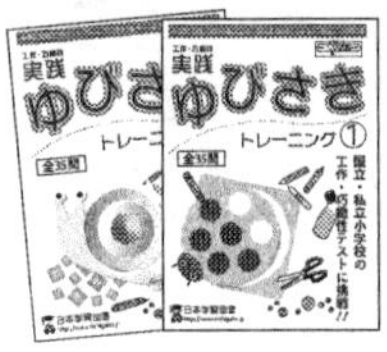

①・②・③　全３巻
本体　各￥2,500＋税

制作問題に特化した問題集ができました。
有名校が実際に出題した問題を分析し、類題を各 35 問ずつ掲載しています。様々な道具の扱い方（はさみ・のり・セロハンテープの使い方）から、手先・指先の訓練（ちぎる・貼る・塗る・切る・結ぶ）、表現することの楽しさも学習することができる問題集です。

お話の記憶問題集

初級編
本体￥2,600＋税
中級編 / 上級編
本体各￥2,000＋税

「お話の記憶」分野の問題集ができました。
あらゆる学習に不可欠な、語彙力・集中力・記憶力・理解力・想像力を養うと言われているのが「お話の記憶」という分野です。難易度別に収録されていますので、まずは初級編、慣れてきたら中級編・上級編と学習を進められます。

分野別 苦手克服シリーズ（全６巻）

図形 / 数量 / 言語
常識 / 記憶 / 推理
本体各￥2,000＋税

お子さまの苦手を克服する問題集ができました。
アンケートに基づき、多くのお子さまが苦手とする数量・図形・言語・常識・記憶の６分野を、それぞれ問題集にまとめました。全問アドバイス付きですので、ご家庭において、そのつまづきを解消するためのプロセスも理解できます。

運動テスト・ノンペーパーテスト問題集

新 運動テスト問題集
本体￥2,200＋税

新 ノンペーパーテスト問題集
本体￥2,600＋税

ノンペーパーテストは国立・私立小学校で幅広く出題される、筆記用具を使用しない分野の問題を全 40 問掲載しています。
運動テスト問題集は運動分野に特化した問題集です。指示の理解や、ルールを守る訓練など、ポイントを押さえた学習に最適。全 35 問掲載。

口頭試問・面接テスト問題集

新 口頭試問・個別テスト問題集
本体￥2,500＋税

面接テスト問題集
本体￥2,000＋税

口頭試問は主に個別テストとして口頭で出題解答を行うテスト形式、面接は主に「考え」やふだんの「あり方」をたずねられるものです。
口頭で答える点は同じですが、内容は大きく異なります。想定する質問内容や答え方の幅を広げるために、どちらも手にとっていただきたい問題集です。

小学校受験 厳選難問集　①・②

①・②・③　全３巻
本体各￥2,600＋税

実際に出題された入試問題の中から、難易度の高い問題をピックアップし、アレンジした問題集です。応用問題への挑戦は、基礎の理解度を測るだけでなく、お子さまの達成感・知的好奇心を触発します。
①は数量・図形・推理・言語、②は位置・常識・比較・記憶分野を掲載しています。各 40 問。

国立小学校　入試問題総集編

A・B・C（全３巻）
本体各￥3,282＋税

国立小学校頻出の問題を厳選して収録した問題集です。細かな指導方法やアドバイスが掲載してあり、効率的な学習が進められます。
難易度別の収録となっており、お子さまの学習進度に合わせて利用できます。付録のレーダーチャートにより得意・不得意を認識でき、国立小学校受験対策に最適な総合問題集です。

おうちでチャレンジ　①・②

①・②　全２巻
本体　各￥1,800＋税

関西最大級の模擬試験『小学校受験標準テスト』ペーパー問題を編集した、実力養成に最適な問題集です。延べ受験者数 10,000 人以上のデータを分析し、お子さまの習熟度・到達度を一目で判別できるようになっています。
保護者必読の特別アドバイス収録！学習習熟度を測るためにも、定期的に活用したい一冊です。

Q & A シリーズ

『小学校受験で知っておくべき 125 のこと』
『新 小学校受験の入試面接Ｑ＆Ａ』
『新 小学校受験 願書・アンケート文例集 500』

本体各￥2,600＋税

「知りたい！」「聞きたい！」
「こんな時どうすれば…？」
そんな疑問や悩みにお答えする、当社で人気の保護者向け書籍です。受験を考え始めた保護者の方や、実際に入試の出願・面接などを控えている直前の保護者の方など、さまざまな場面で参考にしていただける書籍となっています。

書籍についてのご注文・お問い合わせ
☎ 03-5261-8951

http://www.nichigaku.jp
※ご注文方法、書籍についての詳細は、Web サイトをご覧ください。

日本学習図書　検索

図書カード 1000 円分プレゼント

ご記入日　　年　月　日

☆国・私立小学校受験アンケート☆

※可能な範囲でご記入下さい。選択肢は○で囲んで下さい。

〈小学校名〉＿＿＿＿＿＿＿＿　〈お子さまの性別〉男・女　〈誕生月〉＿＿月

〈その他の受験校〉（複数回答可）＿＿＿＿＿＿＿＿

〈受験日〉①：＿＿月＿＿日〈時間〉＿＿時＿＿分　～　＿＿時＿＿分

②：＿＿月＿＿日〈時間〉＿＿時＿＿分　～　＿＿時＿＿分

〈受験者数〉男女計＿＿名（男子＿＿名　女子＿＿名）

〈お子さまの服装〉＿＿＿＿＿＿＿＿

〈入試全体の流れ〉（記入例）準備体操→行動観察→ペーパーテスト

＿＿＿＿＿＿＿＿

Eメールによる情報提供

日本学習図書では、Eメールでも入試情報を募集しております。

下記のアドレスに、アンケートの内容をご入力の上、メールをお送り下さい。

ojuken@nichigaku.jp

●行動観察　（例）好きなおもちゃで遊ぶ・グループで協力するゲームなど

〈実施日〉＿＿月＿＿日〈時間〉＿＿時＿＿分　～　＿＿時＿＿分〈着替え〉□有　□無

〈出題方法〉□肉声　□録音　□その他（　　　　）〈お手本〉□有　□無

〈試験形態〉□個別　□集団（　　人程度）

〈会場図〉

〈内容〉

□自由遊び

＿＿＿＿＿＿＿＿

□グループ活動

＿＿＿＿＿＿＿＿

□その他

＿＿＿＿＿＿＿＿

●運動テスト（有・無）　（例）跳び箱・チームでの競争など

〈実施日〉＿＿月＿＿日〈時間〉＿＿時＿＿分　～　＿＿時＿＿分〈着替え〉□有　□無

〈出題方法〉□肉声　□録音　□その他（　　　　）〈お手本〉□有　□無

〈試験形態〉□個別　□集団（　　人程度）

〈会場図〉

〈内容〉

□サーキット運動

□走り　□跳び箱　□平均台　□ゴム跳び

□マット運動　□ボール運動　□なわ跳び

□クマ歩き

□グループ活動＿＿＿＿＿＿＿＿

□その他＿＿＿＿＿＿＿＿

●知能テスト・口頭試問

〈実施日〉＿＿月＿＿日　〈時間〉＿＿時＿＿分　～　＿＿時＿＿分　〈お手本〉□有 □無

〈出題方法〉□肉声 □録音 □その他（　　　　　）〈問題数〉＿＿枚 ＿＿問

分野	方法	内　容	詳細・イラスト
（例） お話の記憶	☑筆記 □口頭	動物たちが待ち合わせをする話	（あらすじ） 動物たちが待ち合わせをした。最初にウサギさんが来た。次にイヌくんが、その次にネコさんが来た。最後にタヌキくんが来た。 （問題・イラスト） ３番目に来た動物は誰か 
お話の記憶	□筆記 □口頭		（あらすじ） （問題・イラスト）
図形	□筆記 □口頭		
言語	□筆記 □口頭		
常識	□筆記 □口頭		
数量	□筆記 □口頭		
推理	□筆記 □口頭		
その他	□筆記 □口頭		

●制作　(例) ぬり絵・お絵かき・工作遊びなど

〈実施日〉＿＿月＿＿日 〈時間〉＿＿時＿＿分 ～ ＿＿時＿＿分

〈出題方法〉 □肉声 □録音 □その他（　　　　　　） 〈お手本〉□有 □無

〈試験形態〉 □個別 □集団（　　　　人程度）

材料・道具	制作内容
□ハサミ	□切る　□貼る　□塗る　□ちぎる　□結ぶ　□描く　□その他（　　　　　　）
□のり（□つぼ □液体 □スティック）	タイトル：＿＿＿＿＿＿＿＿＿＿
□セロハンテープ	
□鉛筆 □クレヨン（　色）	
□クーピーペン（　色）	
□サインペン（　色）□	
□画用紙（□ A4 □ B4 □ A3	
□その他：　　　　　）	
□折り紙 □新聞紙 □粘土	
□その他（　　　　　　）	

●面接

〈実施日〉＿＿月＿＿日 〈時間〉＿＿時＿＿分 ～ ＿＿時＿＿分〈面接担当者〉＿＿名

〈試験形態〉□志願者のみ（　　）名 □保護者のみ □親子同時 □親子別々

〈質問内容〉

※試験会場の様子をご記入下さい。

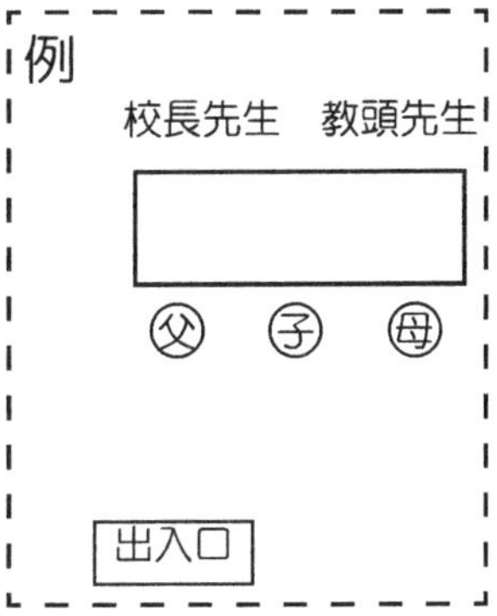

□志望動機　□お子さまの様子

□家庭の教育方針

□志望校についての知識・理解

□その他（　　　　　　　　　　）

（ 詳　細 ）

・

・

・

・

●保護者作文・アンケートの提出（有・無）

〈提出日〉 □面接直前　□出願時　□志願者考査中　□その他（　　　　　　　　）

〈下書き〉 □有　□無

〈アンケート内容〉

（記入例）当校を志望した理由はなんですか（150 字）

●説明会（□有　□無） 〈開催日〉＿＿月＿＿日〈時間〉＿＿時＿＿分＿＿～＿＿時＿＿分

〈上履き〉　□要　□不要　〈願書配布〉　□有　□無　〈校舎見学〉　□有　□無

〈ご感想〉

●参加された学校行事 （複数回答可）

公開授業〈開催日〉＿＿月＿＿日〈時間〉＿＿時＿＿分＿＿～＿＿時＿＿分

運動会など〈開催日〉＿＿月＿＿日〈時間〉＿＿時＿＿分＿＿～＿＿時＿＿分

学習発表会・音楽会など〈開催日〉＿＿月＿＿日〈時間〉＿＿時＿＿分＿＿～＿＿時＿＿分

〈ご感想〉

※是非参加したほうがよいと感じた行事について

●受験を終えてのご感想、今後受験される方へのアドバイス

※対策学習（重点的に学習しておいた方がよい分野）、当日準備しておいたほうがよい物など

＊＊＊＊＊＊＊＊＊＊＊＊　ご記入ありがとうございました　＊＊＊＊＊＊＊＊＊＊＊＊

必要事項をご記入の上、ポストにご投函ください。

なお、本アンケートの送付期限は入試終了後３ヶ月とさせていただきます。また、入試に関する情報の記入量が当社の基準に満たない場合、謝礼の送付ができないことがございます。あらかじめご了承ください。

ご住所：〒＿＿＿＿＿＿＿＿＿＿＿＿＿＿＿＿

お名前：＿＿＿＿＿＿＿＿＿＿　メール：＿＿＿＿＿＿＿＿＿＿

ＴＥＬ：＿＿＿＿＿＿＿＿＿＿　ＦＡＸ：＿＿＿＿＿＿＿＿＿＿

アンケートのご記入
ありがとうございました

家庭学習を
トータルサポート！ ニチガクの オリジナル 効果的 学習法

1 まずは アドバイスページを読む！

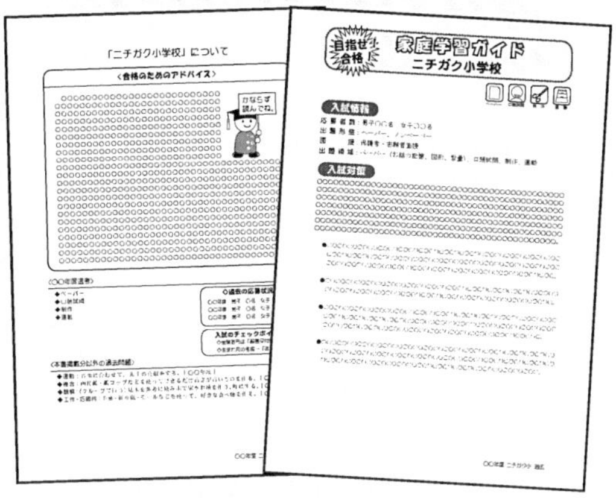

対策や試験ポイントがぎっしりつまった「家庭学習ガイド」。しっかり読んで、試験の傾向をおさえよう！

過去問のこだわり

ピンク色です

最新問題は問題ページ、イラストページ、解答・解説ページが独立しており、お子さまにすぐに取り掛かっていただける作りになっています。
ニチガクの学校別問題集ならではの、学習法を含めたアドバイスを利用して効率のよい家庭学習を進めてください。

2 問題をすべて読み、出題傾向を把握する

3 「学習のポイント」で学校側の観点や問題の解説を熟読

4 はじめて過去問題にチャレンジ！

各問題のジャンル

問題7 分野：図形（図形の構成） Aグループ男子

〈解答〉 下図参照

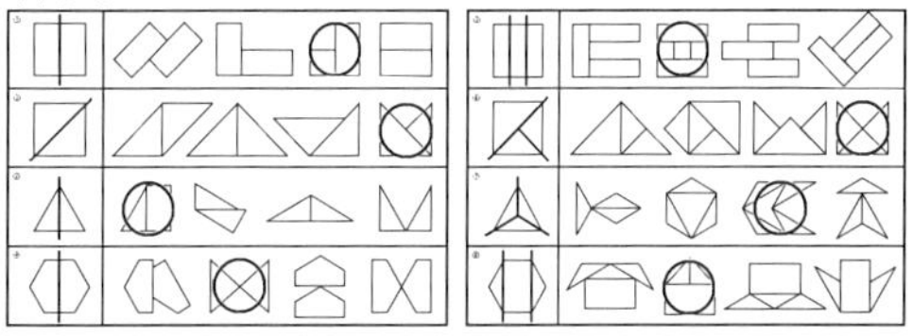

図形の構成の問題です。解答時間が圧倒的に短いので、直感的に答えないと全問答えることはできないでしょう。例年ほど難しい問題ではないので、ある程度準備をしたお子さまなら可能のはずです。注意すべきなのはケアレスミスで、「できないものはどれですか」と聞かれているのに、できるものに○をしたりしてはおしまいです。こういった問題では基礎とも言える問題なので、もしわからなかった場合は基礎問題を分野別の問題集などでおさらいしておきましょう。

【おすすめ問題集】
★ニチガク小学校図形攻略問題集①②★（書店では販売しておりません）
Jr・ウォッチャー9「合成」、54「図形の構成」

5 プラスα 対策問題集や類題で力を付ける

学習のポイント

各問題の解説や学校の観点、指導のポイントなどを教えます。
今日から保護者の方が家庭学習の先生に！

おすすめ対策問題集

分野ごとに対策問題集をご紹介。苦手分野の克服に最適です！
＊専用注文書付き。

2022年度版 洛南高等学校附属小学校
立命館小学校　過去問題集

発行日　2021年5月25日
発行所　〒162-0821 東京都新宿区津久戸町3-11-9F
日本学習図書株式会社
電　話　03-5261-8951 ㈹

ISBN978-4-7761-5378-8

C6037 ￥2300E

9784776153788

定価 2,530円
（本体 2,300円＋税 10%）

1926037023005

詳細は http://www.nichigaku.jp 日本学習図書 検索

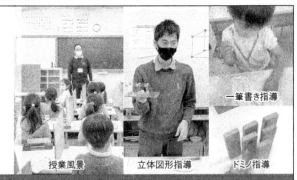

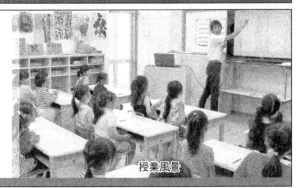

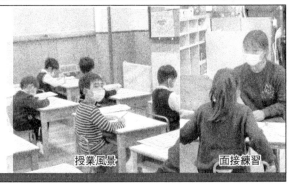

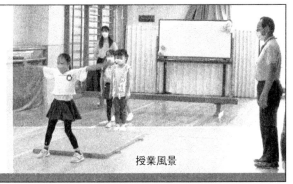